AF194552

EIN PAAR SEIN UND BLEIBEN TEIL 2

ERWARTUNGS-IRRTÜMER
AUFLÖSEN

Neue Wege der Selbststeuerung

EIN PAAR SEIN UND BLEIBEN TEIL 2

ERWARTUNGS-IRRTÜMER AUFLÖSEN

Neue Wege der Selbststeuerung

REINHARDT KRÄTZIG

Impressum

Copyright © 2018 Reinhardt Krätzig

www.reinhardt-kraetzig.de

Herstellung und Verlag:

BoD - Books on Demand, Norderstedt

ISBN 978-3-7528-8886-7

Printed in Germany

Coverdesign: Alerrandre, www.Fiverr.com

Titelfoto: Maridav, Datei: 24537639,

www.depositphotos.com

Textkorrektur: Mrsengger, www.Fiverr.com

Ein Paar sein und bleiben!

Teil2:

ERWARTUNGS-IRRTÜMER

AUFLÖSEN

Neue Wege der Selbststeuerung

Reinhardt Krätzig

INHALTSVERZEICHNIS

EINLEITUNG

Ein Paar sein und bleiben. Ist das noch aktuell? Schon seit vielen Jahren lässt sich eine Tendenz in eine ganz andere Richtung beobachten. Es gibt wohl keine Schulklasse mehr, in der keine Kinder aus Patchwork-Familien sind und in immer mehr Klassen sind die Patchworker schon in der Mehrzahl. Paare scheinen sich nur noch für kurze Zeit zusammen zu tun, mit einer hohen Bereitschaft, bald zum nächsten Kurzzeit-Partner weiter zu ziehen. Nur wenige scheinen zu ahnen, was sie ihren Kindern damit antun. Um sich zu einer psychisch stabilen Persönlichkeit entwickeln zu können, brauchen Kinder eine verlässliche Umgebung. Dazu gehören das stabile Wohnumfeld, die Freunde und zuallererst die eigenen Eltern. Viele der Menschen, die ich in meiner Praxis treffe, wurden nur zu Patienten, weil das Elternhaus nicht stabil war. Es gibt allerdings auch die, bei denen die Eltern zusammen geblieben waren, aber dieses Zusammenleben die Hölle war. Das Ziel heißt also nicht, um jeden Preis zusammen zu bleiben, sondern in einer stabilen, friedlichen, freundlichen und glücklichen Familie zusammen zu bleiben. Vielleicht haben viele der Patchwork-Eltern auch dieses Ziel vor Augen gehabt und haben angesichts scheinbar unlösbarer Probleme das kleinere Übel einer neuen Partnerschaft gewählt. Viele argumentieren: „Mir wäre ja auch lieber gewesen, wenn mein Kind mit beiden Eltern aufwachsen würde - aber doch nicht so!"

Das Hauptproblem liegt offenbar darin, die eigene Partnerschaft so zu stabilisieren und den Weg in ein gutes Miteinander zu finden, bevor es dazu zu spät ist und nur noch eine Flucht als Ausweg bleibt. Dafür möchte ich eine Lösung anbieten. Ich gebe Paaren ein Werkzeug in die Hand, mit dem sie sich aus dem alltäglichen Hick-Hack befreien, die eigene Partnerschaft befrieden und in ein langfristig stabiles und gutes Miteinander hineinfinden können. Das ist das erklärte Ziel dieses Buches. Wird es erreicht, dient das dann übrigens nicht nur den Kindern, sondern auch den Partnern selbst. Denn eine Zweierbeziehung hat ja nicht nur den Zweck, ein Rahmen für Kinder zu sein. Aus meiner Sicht ist sie auch eine großartige Möglichkeit zur persönlichen Weiterentwicklung beider Beteiligten.

Das wird sie aber nur, wenn es gelingt, das ewige Kreisen um die mitgebrachten Lebensthemen zu beenden. Was ist damit gemeint? Ich habe es schon in Band 1 behandelt, aber weil das Lebensthema so eine zentrale Bedeutung hat, werde ich auch in diesem Buch mit dem Begriff arbeiten. Nach meiner Definition entsteht ein Lebensthema aus den besonderen Belastungen, denen man als Kind ausgeliefert ist. So etwas hatten Sie nicht? Glauben Sie mir, jedes Kind muss im Laufe der ersten Jahre irgendeine Form von Belastung aushalten und jedes Kind erfährt dabei auch die eine oder andere seelische Blessur. Manche können sich erinnern, die meisten nicht, insbesondere, wenn die erlittenen Wunden relativ klein sind. Aber auch so manche große Wunde wird vergessen oder besser verdrängt und muss innerlich Platz machen für die Vision einer wunderbaren eigenen Kindheit.

In vielen Jahren psychotherapeutischer Arbeit habe ich gelernt, dass alle Probleme und Schwierigkeiten im Leben eines Erwachsenen und insbesondere Paarprobleme aus genau diesen alten seelischen Wunden heraus ihren Anfang nehmen.

Ein Grund dafür ist diese halbe Sekunde (500-600 ms) die vergeht bis unser Bewusstsein in die Verarbeitung einer im Gehirn ankommenden Information einbezogen wird. Berührt man eine heiße Herdplatte, hat man seine Hand längst zurückgezogen, bevor das Bewusstsein etwas von der Verletzung bemerkt. In dieser halben Sekunde arbeitet das Gehirn wie eine Suchmaschine im Internet. Vollkommen unbewusst werden Erinnerungen, Erfahrungen und Gefühle gesucht, die zu dem gerade stattfindenden Ereignis passen. Diese Suche muss zwangsläufig auf das zurückgreifen, was bereits abgespeichert ist, also auf frühere Erlebnisse. Weil das immer so ist, haben solche Erfahrungen die größte Bedeutung, die zuerst im Gehirn eingelagert wurden.

Deshalb sind auch im Leben eines Erwachsenen die Erfahrungen der Kindheit oft der innere Bezugspunkt und in schwierigen Momenten sind dies eben die belastenden Erfahrungen aus dem Damals. Vielleicht können Sie nachvollziehen, warum ich dafür den Begriff Lebensthema gewählt habe. Denn wenn man hier nicht verändernd eingreift, haben die alten Geschichten einen Einfluss auf das gesamte weitere Leben.

In der Partnerschaft zeigen sich Kindheitslasten beider Partner vor allem in den Erwartungen, die sie aneinander haben. Etwas vom anderen zu wollen und zu wünschen ist grundsätzlich okay, aber jede Beziehung wird überfordert, wenn der Partner all das bieten soll, was die Eltern nicht bieten konnten. Die meisten Alltagsprobleme im Miteinander entstehen aus dieser Verquickung von Gegenwart und Geschichte.

Kann man die eigene Geschichte hinter sich lassen, sind viele Probleme sofort verschwunden. Voraussetzung dafür ist allerdings, dass das man sich um die alten Wunden kümmert und sich um Heilung bemüht. Die aus der Kindheit mitgebrachten Wünsche und Erwartungen müssen also ernstgenommen und erfüllt werden, allerdings nicht in erster Linie vom Partner.

Für manche klingt das jetzt vielleicht wie ein typischer Psycho-Ansatz, extrem aufwendig, umständlich und an den eigentlichen Gegenwarts-Paarproblemen weit vorbeigehend. Das ist es aber nicht.

Auf den im Buch vorgestellten Wegen ist es vielmehr recht einfach zu bewerkstelligen und es funktioniert auch. Obwohl es um Kindheitsthemen geht, muss man dazu nicht einmal in die Vergangenheit schauen. Alles, was man braucht, findet man in der Gegenwart, unter anderem genau da, wo es aktuell am meisten»brennt«, also in den Problemen, die man miteinander hat.

Auf den folgenden Seiten erfahren Sie im Detail wie das geht, wie Sie Ihr eigenes Lebensthema und die dazu gehörigen Erwartungen finden und wie Sie das Ganze auflösen können. Das notwendige Werkzeug dafür heißt »Schlüssel zur Psyche«. Warum ein so großer Name? Weil dieser Schlüssel so eine beeindruckende Wirkung entfalten kann. Jeder, der für einen Moment innerlich in seine Schlüsselszene eintaucht, erlebt sofort eine positive Veränderung. Es entstehen Ruhe, Frieden, Entlastung und Erleichterung. Für einen Augenblick tritt man heraus aus allen Belastungen und kann aus einem anderen Blickwinkel auf das eigene Leben und die gerade darin gegebenen Probleme schauen. Wenn man das öfter macht, also eine Weile mit dem eigenen Schlüssel zur Psyche übt und arbeitet, wirkt das wie ein Schutzanzug oder ein Abwehrschild. Das, was einen vorher »an die Decke« oder in die Verzweiflung getrieben hatte, lässt einen jetzt kalt. Es prallt ab und man kann jetzt ruhig und gelassen damit umgehen. Alte seelische Wunden werden unempfindlich, schließen sich und werden auch geheilt, selbst solche, die schon vor vielen Jahren entstanden waren und die seither Ihr Denken, Handeln und Fühlen jeden Tag beeinflusst hatten.

Hier ein kleiner Überblick über den Inhalt des Buches:

In Abschnitt 1 bekommen Sie das notwendige Hintergrundwissen mit auf den Weg. Die Informationen aus Band 1 werden aufgegriffen und erweitert. Sie erfahren, wie die Paarprobleme der Gegenwart mit psychischen Belastungen zusammenhängen, die sich viele Jahre früher ereignet hatten.

Für viele ist es vermutlich neu, zu erfahren, dass das hochgeschätzte eigene Bewusstsein genau dann nur eingeschränkt funktioniert, wenn man es gerade am meisten bräuchte, zum Beispiel dann, wenn sich gerade wieder einmal die Wolken am Beziehungshimmel verdunkelt haben. Das liegt daran, dass unsere Psyche unter Stress in einen anderen Verarbeitungsmodus umschaltet. Sie greift unter diesen Umständen zunächst auf vertraute Verhaltens-, Denk- und Fühlmuster zurück. Wir machen dann also das, was wir immer unter diesen spezifischen Umständen gemacht haben. Ist der Partner auf uns sauer, fühlen und verhalten wir uns so wie damals, als die Mutter oder der Vater auf uns sauer war.

Weil es der Stress ist, der uns in die alten Kind-Muster zurückwirft, beschäftigen wir uns noch etwas genauer mit Stress und wodurch dieser ausgelöst wird. In diesem Zusammenhang bekommen Sie auch schon erste, sogenannte kleine Techniken geliefert, um aus einem Stresszustand möglichst sofort aussteigen zu können.

Wer seinen Schlüssel finden will, sollte zumindest ahnen, worum sich sein Lebensthema dreht. In Abschnitt 2 kümmern wir uns detailliert um diese Aufgabe. Hier finden Sie sechs verschiedene Zugänge dazu, etliche Beispiele und Hilfestellungen.

Der Schlüssel zur Psyche ist die passgenaue Antwort auf das Lebensthema. In Abschnitt 3 erfahren Sie, wie Sie Ihren Schlüssel finden können. Diverse Zugänge werden angeboten und auch hier erleichtern viele Beispiele das Verständnis und Ihre Suche. Danach erfahren Sie, wie Sie Ihren Schlüssel anwenden und für sich im Alltag nutzen können.

Und man kann noch mehr tun. Da geht es zum einen darum, zu entdecken, wo das, was Ihnen Ihr Schlüssel bringt, in Ihrem Alltag bereits vorhanden ist, aber von Ihnen noch nicht wahrgenommen wurde. Darüber hinaus erfahren Sie, wie Sie Orte neu «etikettieren» und so dafür sorgen können, ganz subtil immer wieder an Ihre positiven Schlüsselmomente erinnert zu werden.

Teil 4 könnte man vielleicht als weniger wichtigen Anhang verstehen, aber wer bereits versucht hat, etwas im eigenen Leben zu verändern, weiß, dass das nicht einfach ist. Denn Menschen können zwar sehr schnell Neues lernen, aber bleiben auf lange Sicht doch meist bei dem, was sie vorher bereits an Gewohnheiten entwickelt hatten. Der Raucher greift dann doch wieder zur Zigarette, der Übergewichtige zum Kuchen und der ewig unzufriedene Partner zeigt sich wieder unzufrieden und hat längst vergessen, seinen Schlüssel zur Psyche als Gegenmittel zu verwenden. Wirkliche Veränderungen treten nur ein, wenn man aus dem neu Gelernten neue Gewohnheiten geformt hat. In Teil 4 geht es darum, genau das zu tun.

Teil 5 ist eine Zugabe - und ich empfehle, auch schon vorher immer wieder mal dorthin zu blättern und sich die eine oder andere kleine Technik zum sofortigen Ausstieg aus einem Stresszustand zu Gemüte zu führen. Der Schlüssel zur Psyche ist eine »große« Technik, genau wie die »Feel-Free-Technik« aus Band 1, mit der Sie tief in die eigene Seele eingreifen und dort etwas gestalten können. Aber nicht immer hat man die Ruhe dafür oder die hinreichende Konzentration. Gerade auch am Anfang, wenn Sie sich das alles noch erarbeiten, helfen die in Teil 5 gebotenen »kleinen« Möglichkeiten zur Gefühlsverbesserung. Es sind Instant-Gefühl-Verbesserer. Devise: nicht darüber nachdenken, einfach tun.

In Teil 6 geht es um Achtsamkeit und darum einen inneren Beobachter zu installieren. Denn Selbstbeobachtung ist für alle kritischen Situationen im Miteinander wichtig. Nur, wenn Sie in der Lage sind, sich selbst immer wieder kritisch in den Fokus zu nehmen, wird es Ihnen gelingen gerade entstehende Konflikte rechtzeitig zu erkennen und angemessen einzugreifen.

Ich wünsche Ihnen eine interessante und fruchtbare Erfahrung. Möge das Buch Ihnen ermöglichen, sich selbst, Ihren Partner beziehungsweise Ihre Partnerin und auch Ihre Beziehung aus einem anderen Blickwinkel zu sehen und auf neue Weise damit umzugehen.

Bleiben Sie ein Paar!

Randbemerkung

Wie wäre es für Sie, daran mitzuwirken, dass dieses Buch noch besser wird und noch mehr Paaren dabei helfen kann, Ihre Beziehung zu retten und zusammen zu bleiben. Es ist ganz einfach. Wenn Ihnen an diesem Buch etwas nicht gefällt oder Sie entdecken, dass etwas Wesentliches fehlt, oder anders dargestellt werden müsste, schreiben Sie es mir. Dann kann ich Ihre Gedanken bei der nächsten Überarbeitung des Buches nutzen. Wenn es mir möglich ist, beantworte ich auch gerne Ihre Fragen. Schreiben Sie mir einfach eine E-Mail an: r.kraetzig@online.de

Wenn Ihnen der Text hilft und Sie meine Arbeit unterstützen möchten, gibt es noch eine andere Möglichkeit. Diese ist einfach und ungeheuer wirkungsvoll: Schreiben Sie eine kleine Stellungnahme oder einen Kommentar, zum Beispiel bei Amazon, Buch.de oder Ihrer anderen Lieblings-Buch-Webseite. Sie müssen keinen »Roman« schreiben, es darf auch ganz kurz sein, zum Beispiel: „Das hat mir geholfen" oder: „Finde ich gut!" Wenige Worte reichen!

Das geht übrigens auch, wenn Sie das Buch geschenkt bekommen oder nur als Leihgabe von der Freundin haben. Zumindest bei Amazon dürfen Sie einen Kommentar abgeben, auch wenn Sie das Buch dort nicht gekauft haben. Gehen Sie dazu auf die Seite des Buches bei Amazon. Der Rest ist ganz einfach. Klicken Sie auf die Kundenrezensionen und danach auf den Button »Kundenrezension verfassen«.

Gute Bewertungen und entsprechende Kommentare sind eine wunderbare Unterstützung.

Ihr Reinhardt Krätzig

TEIL 1 - DAS SOLLTEN SIE WISSEN

Auch im ersten Band von »Ein Paar sein und bleiben« gab es bereits einen Theorieteil. Der wird hier nicht wiederholt, aber einige Aspekte werden aufgegriffen und weiter vertieft, weil Sie einfach so wichtig sind.

PAARE HABEN KONFLIKTE!

Schauen Sie doch mal etwas genauer auf das, was Sie Ihrem Partner beziehungsweise Ihrer Partnerin vorwerfen, an ihm oder ihr kritisieren, als zu viel oder mangelhaft erleben. Fast jeder oder jede, der das tut, kann vermutlich erkennen, dass das, was hier zum Thema geworden ist, auch schon früher im eigenen Leben eine Bedeutung hatte. Das, was Sie am Gegenüber bemängeln, haben Sie auch schon vorher erlebt und vermutlich reichen Ihre Erinnerungen zurück in Zeiten, in denen die aktuelle Beziehung noch gar nicht bestand.

Nicht jeder kann sich sofort an seine Kindheit erinnern, aber da, wo das problemlos geht, lässt sich der rote Faden der Vorgeschichte bis zu dieser Zeit zurückverfolgen. Das gerade beklagte Leiden - unter zu wenig Beachtung, Mangel an Wertschätzung et cetera - ist also nicht erst in der Beziehung entstanden, sondern ist ein Import in die

Beziehung - mitgebracht aus längst vergangenen Tagen. Dabei lässt sich beobachten, dass immer genau dann, wenn so ein mitgebrachtes Thema im Geschehen mitspielt, sehr schmerzhafte Krisen entstehen. Eigentlich banale Probleme werden dadurch zu Sprengstoff-Themen.

Wenn der Partner zum Beispiel seine Sachen nicht wegräumt, obwohl man schon mehrfach deutlich gemacht hat, dass es einem nicht gefällt, dass sein Zeug überall herumliegt, kann man das schnell auch als persönliche Missachtung übersetzen. Das stehengelassene Glas nimmt man dann persönlich. Meist geschieht so etwas nicht bewusst, sondern unbewusst. Das gebrauchte Glas auf dem Wohnzimmertisch wird unbewusst als fehlende Beachtung der eigenen Wünsche und damit als Kränkung erlebt. Genauso unbewusst schaltet das eigene Gehirn dann um und ohne es zu merken befindet man sich mitten in den kränkenden Erlebnissen der Kindheit. Wenn dann der Partner nicht sofort schuldbewusst das Glas wegräumt, sondern vielleicht noch über die Zwanghaftigkeit des anderen argumentiert, bestätigt er der eigenen Psyche, dass die heutige Welt genauso strukturiert ist wie die damalige. Die eigene Psyche nimmt sich noch mehr die Erlaubnis, die alten Erfahrungen als Bezugspunkt zu nehmen. In der Folge entsteht ein nicht mehr steuerbarer Streit. Im schlechtesten Fall kommt in einem der ganze Frust aus der Kindheit hoch und entlädt sich jetzt und hier. Natürlich erlebt das Gegenüber das als ungerecht und ungerechtfertigt und greift dann sehr schnell - für ihn/sie ebenfalls vollkommen unbemerkt - auf eigene entsprechende Kindheitserfahrungen zurück. Wenn es ganz schlecht läuft, sind beide dann intensiv dabei, einander die Fehler der eigenen Eltern vorzuwerfen und geraten dabei immer tiefer in die Auseinandersetzung.

Dabei ist es vollkommen egal, wie banal der Ausgangspunkt ist. Ob es um den ungeleerten Mülleimer, den offenen Toilettendeckel, den ungetätigten Einkauf oder ähnliche Kleinigkeiten geht, tatsächlich debattiert man - ohne es zu wissen - Fragen von grundsätzlicher Wichtigkeit. Solche wie: »bin ich wichtig?«, »bin ich liebenswert?«, »kann ich dir vertrauen?«, »vertraust du mir?« et cetera. Weil es um solche grundlegenden Fragen geht, kochen auch die Emotionen so hoch.

Keiner der Beteiligten weiß etwas von der unbewusst hinein gestrickten Kindheitsthematik. Aber weil Vergangenheit und Gegenwart so vermengt sind, werden die Angriffe des anderen als gegen die eigene Person gerichtet verstanden und als verletzend, ungerecht, unangemessen und ähnlich erlebt. Alles wird zum Treibstoff für eigene Angriffe beziehungsweise Verteidigung und zur Bestätigung, dass das eigene Handeln jetzt vollkommen angemessen ist. Dieser Prozess funktioniert in einer sich selbst verstärkenden Weise; je länger er abläuft, umso intensiver wird der Konflikt. So etwas kann sehr laut werden, aber auch ganz still ablaufen. Manche schlucken die Verletzungen herunter, manche schreien sie hinaus. Manche beenden in so einem Moment die Beziehung, bei anderen bröckelt zumindest ein Stück von der gegebenen Liebe ab.

Der Partner ist nicht die Ursache

In den letzten Sätzen steckt eine sehr wichtige Botschaft: Die gegenwärtigen Probleme entstehen nicht, weil Sie den falschen Partner gewählt haben oder beide unfähig sind, miteinander gut umzugehen oder Sie einander nicht wirklich lieben, sondern weil es irgendwann in der Vergangenheit nicht so gut gelaufen war und zwar bei beiden Beteiligten.

Die Beziehungsrealität des Paares liefert nur Stichworte, ist aber nicht die Ursache. Das Paar-Unglück wird von dem bestimmt, was beide an persönlichen Themen aus der Kindheit mitgebracht haben. Wenn man dies nicht weiß, hat man nicht die geringste Chance, aus den Problemkreisen herauszukommen. Sie werden sich immer weiter und immer in genau derselben Weise entfalten. Und mit jedem weiteren unangenehmen Ablauf wird die Liebe beiderseits wieder etwas mehr abgebaut, bis Sie sich vielleicht endgültig voneinander verabschieden.

Das muss aber nicht sein. Gegen diese Importe aus anderen Zeiten kann man etwas tun. Ein großartiges Mittel dafür bekommen Sie in diesem Buch. Es ist der Schlüssel zur Psyche.

Unbewusste Steuerung

Wieso spielen die Lasten der Kindheit auch noch Jahre später so eine bedeutende Rolle? In Band 1 wurde schon angedeutet, warum Themen und Lösungen der Kindheit bis ins Erwachsenenleben erhalten bleiben. Der wichtigste Grund ist ökonomischer Natur. Die Trägerin des Bewusstseins, die Großhirnrinde, braucht sehr viel Energie. Die unbewussten Systeme verbrauchen weniger. Für alles, was die Routine im Großhirn übersteigt, muss der Organismus neue Netzwerke anlegen, in Sekundenschnelle Botenstoffe und Signalkaskaden hochfahren und andere Körperfunktionen dafür drosseln. In einer schwierigen Prüfung versinkt alles um einen herum, die Füße werden kalt, die Hände klamm. Das Gehirn saugt alle Energie ab. Bewusstsein ist Luxus.

Um die Aktivität des Bewusstseins so gering wie nötig zu halten, arbeiten andere, tiefer liegende Instanzen und das so oft wie möglich. Wer einmal Fahrradfahren gelernt hat, verschwendet keinen Gedanken mehr an das Fahrrad oder seine Balance. Die unbewussten Routinen sind also sehr leistungsfähig und bevor das Bewusstsein überhaupt auf den Plan gerufen wird, wird gecheckt, ob es für die vorliegende Situation nicht schon Erfahrungswerte gibt. Wenn ja, werden diese herangezogen und das Bewusstsein wird nicht bemüht. Von diesem Geschehen bekommt das Bewusstsein nichts mit. Es ist allerdings so konstruiert, dass es meist in der Illusion lebt, selber Entscheidungsträger zu sein.

Die eigene Vergangenheit dient als Orientierung

Um Energie zu sparen, wird die Umgebung immer zunächst nach Bekanntem durchsucht. Wird Bekanntes entdeckt, wird auf die zu diesem Kontext bereits gespeicherten Erinnerungen zurückgegriffen und der Rest an Sinneseindrücken ignoriert. Die bereits vorhandenen Erinnerungen sind daher innere Orientierung und Maßstab für alles was kommt. Unser Gehirn hat eine sich selbst bestätigende Haltung und genau deshalb hat die Kindheit eine so zentrale Bedeutung für das weitere Leben. Denn am Anfang des Lebens ist der »Datenspeicher« für Lebenserfahrungen noch leer. Ab jetzt entstehen die Grundstrukturen der individuellen Psyche. Grundlegende Verhaltens- und Erlebensweisen werden geprägt, dabei haben auch vorgeburtliche Erfahrungen bereits einen Einfluss. Die ersten Erfahrungen haben eine vergleichbare Bedeutung wie beim Hausbau das Fundament für Größe und Form des späteren Hauses. Alles, was nachher errichtet wird, baut auf diesen Grundlagen auf.

Was ein Mensch in dieser Zeit lernt, hängt wesentlich von den Mitmenschen und der Lebenssituation ab. Am stärksten ist der Einfluss der Eltern beziehungsweise deren Ersatzpersonen und der Menschen, die zum nahen Lebensumfeld eines Kindes gehören. Genetische Ausstattung, körperliche Gegebenheiten und die herrschende Kultur sind ebenfalls wesentlich, aber inzwischen weiß man, dass Gene sehr viel plastischer sind als lange Zeit vermutet wurde; das macht den Einfluss der sozialen Bedingungen, etwa der persönlichen Eigenschaften der Eltern, umso bedeutender.

Die besondere Rolle von negativen, belastenden Erfahrungen

Belastende Erfahrungen in der Kindheit haben einen besonderen Stellenwert für die Lenkung durch die unbewusste Psyche. Das ist so, weil wir die Belastungen der Kindheit eben nicht einfach nur aushalten oder hinnehmen, sondern daraus auch etwas lernen. Belastungen der Kindheit sind Lernstoff, sie werden sehr genau betrachtet und ausgewertet. Jedes Kind fragt sich - mehr oder weniger bewusst - was diese Lasten denn für es selbst bedeuten. Es zieht daraus Schlussfolgerungen und probiert neue Verhaltensweisen aus. Alles, was sich bewährt, bleibt erhalten. Die Lasten der Kindheit erzeugen einen langen Schweif an Folgen, der sich bis hinein in das Erwachsenenleben auswirkt. Wenn jemand in der Kindheit zum Beispiel unter fehlender Zuwendung leidet, wird er auch als Erwachsener mit Sicherheit damit zu tun haben. Diese fehlende Zuwendung wird vom Kind als unangenehm erlebt und es wird versuchen, etwas dagegen zu tun. Vielleicht macht es auf sich aufmerksam, indem es besonders still, fleißig oder brav wird oder, wenn das nichts nutzt oder nicht in Frage kommt, wird es vielleicht besonders laut, schwierig oder anderweitig unangenehm auffällig. Es probiert vieles aus und wird das, was sich am besten bewährt, auch später immer wieder anwenden, wenn es darum geht, Zuwendung zu bekommen. Zu jedem Verhaltensmuster, welches ein Mensch lernt, gehören immer auch spezifische Weisen zu denken und zu fühlen. Vielleicht hat das Kind irgendwann »verstanden«, dass es die gewünschte Zuwendung deshalb nicht bekommt, weil es nicht gut genug ist und dazu passend wird es sich körperlich vielleicht etwas zusammenziehen, sich kleiner machen, den Kopf einziehen, mit leiser Stimme reden, nur wenig sagen oder ähnliches. Gleichzeitig wird es mit sehr viel Aufmerksamkeit die Menschen in seiner Umgebung betrachten, um zu erfahren, was es tun muss beziehungsweise wie es sein muss, um ihnen zu gefallen. Weil sich niemand gerne als nicht gut genug erlebt, wird es vielleicht die Wahrnehmung der eigenen Gefühle unterdrücken - dabei hilft bereits die auf die Umgebung gerichtete Aufmerksamkeit.

Gesamtpaket: Denken, Fühlen, Verhalten, Wahrnehmen

Wann immer das Kind in sein altes in der Kindheit gelerntes Verhaltensmuster hinein rutscht, werden alle Komponenten aktiv: Das Verhalten von damals (zum Beispiel: brav sein), das Denken über sich selbst (ich bin nicht gut genug), die Weise zu fühlen (eigene Belange weniger spüren) und auch die Weise, sich auf andere zu beziehen (besonders aufmerksam sein). Weil es in unserem Gehirn so läuft, dass alles als umso wichtiger eingeordnet wird, je öfter es aufgerufen wird, führt dies dazu, dass dieses einmal gelernte Verhalten auch noch viele Jahre später sehr schnell aufgerufen wird und unverändert abläuft.

Unsere Psyche ist von ihrer Konstruktion her also konservativ, einmal Gelerntes kann für das ganze Leben innere Leitlinie bleiben. Deshalb verändern sich die Eigenarten eines Menschen in ihrer grundsätzlichen Erscheinung im

Laufe des Lebens kaum. Ein ängstlicher Mensch bleibt ein ängstlicher Mensch, und wer einmal lernt, dass sein Platz nicht sicher ist, wird sich wahrscheinlich immer unsicher fühlen.

Scheinlösungen

Die Lösungen, die von Kindern als Antwort auf die Belastungen ihrer Lebenswelt gefunden werden, sind keine echten Lösungen. Kein Kind kann schwierige Bedingungen in der Ursprungsfamilie beseitigen oder einen wesentlichen Mangel im Beziehungsgefüge durch sein Tun auflösen! Damit meine ich jedoch ausdrücklich nur jene Lösungsversuche, die das Kind selber unternimmt. Lösungen, die von den beteiligten Erwachsenen ausgehen, haben ein ganz anderes Potenzial. Macht ein Elternteil beispielsweise eine Psychotherapie oder treten ganz neue (für das Kind von Herzen offene und zur Liebe fähige) Menschen in das Leben des Kindes, kann dies die Lebensbedingungen in der Familie so verändern, dass der bisherige Mangel nicht mehr existiert. Damit wird all das, was der Mangel bislang an Überzeugungen und Verhaltensweisen ausgelöst hat, nun von neuen, »gesünderen« Erfahrungen überlagert. Obwohl ich gegen voreilige Trennungen bin, insbesondere bei Paaren mit Kindern, kann ein neuer Ersatzvater unter Umständen ein besserer »Vater« sein, ebenso wie eine neue Partnerin eine bessere »Mutter«.

Bleiben die Kinder bei ihrer Suche nach Lösungen jedoch jahrelang auf sich allein gestellt, können sie mit ihren Mitteln allenfalls für Schmerzlinderung sorgen. Die Muster und Überzeugungen, die aus der Lösungssuche hervorgegangen sind, können den gegebenen Mangel nur erträglich machen.

Die Not bleibt erhalten

Wenn sich in der Lebenswelt des Kindes nichts entscheidend zum Positiven wandelt, bleibt die vorhandene Not also erhalten. Weil aber meist Bedürfnisse betroffen sind, die unverzichtbar sind, wird das Kind weiter nach einer Lösung suchen.

Man könnte jetzt annehmen, dass das ganze vergebliche Bemühen um eine Lösung der Lasten am Ende der Kindheit langsam aufhört. Tut es aber nicht. Menschen hören nicht auf, sich danach zu sehnen, wovon sie in ihrem Leben nicht genug bekommen haben. Seelische Grundbedürfnisse wollen befriedigt werden. Die Sehnsucht danach, die Mängel, Lasten und Störungen der Kindheit endlich zu überwinden und so die dadurch entstandene innere Spannung aufzulösen, bleibt erhalten. Das Kind, dem die Aufmerksamkeit fehlt, wird zum Erwachsenen, dem die Aufmerksamkeit fehlt. Das Problem dabei ist aber, dass zur Lösung weiterhin die in der Kindheit gelernten Muster und Überzeugungen eingesetzt werden. Diese sind - in der Regel - aber nicht geeignet, die Ziele der Sehnsucht zu erreichen und weil sie nicht zum Erwachsensein passen, sind sie darüber hinaus häufig Ursache von Ärger und Problemen. Versuchte das Kind, das Problem mit Brav sein, Anpassung oder auch mit Widerstand und Kampf auszugleichen, wird es der Erwachsene mit den gleichen Mitteln weiter versuchen. So, wie es dem Kind nicht gelingt, etwas Wesentliches zu bewirken, wird es aber auch dem Erwachsenen nicht gelingen.

Hier muss man jedoch etwas genauer hinschauen. Denn viele Erwachsene haben mit ihren in der Kindheit gelernten Bewältigungsmustern auch großen Erfolg. Sie erzielen ein hohes Einkommen, erhalten Anerkennung, werden gemocht und werden gerne als Mitmensch, Kollege oder

Familienmitglied gesehen. Wer aber gelernt hat, dass er die Anerkennung, die er braucht, nicht bekommt, kann diese Erfolge überhaupt nicht wahrnehmen und sie erst recht nicht annehmen. In vielen Psychotherapien ist daher eine zentrale Aufgabe, die Patienten zu befähigen, ihre Erfolge überhaupt erst zu sehen und diese auch für sich anzunehmen.

Irrtümer

All denen, die auch beim angestrengten Blick zurück auf die eigene Kindheit keine Schwächen der Eltern ausmachen können, möchte ich sagen, dass sich Kinder auch sehr irren können. Sie können das Geschehen vollkommen missverstehen und in einer grundsätzlich intakten Familie dennoch die Überzeugung gewinnen, nicht geliebt zu sein, nicht wichtig et cetera. Kinder versuchen ständig, sich die Welt zu erklären. Sie wollen wissen, wie das Leben funktioniert und vor allem wollen sie wissen, welchen Platz sie selber darin einnehmen. Deswegen registrieren sie alles, was in besonderer Weise auffällt, auch mit besonderem Interesse. Wenn etwas wirklich Großartiges geschieht, werden sie versuchen, herauszufinden, ob das wiederholbar ist. Sind sie Belastungen ausgesetzt, werden sie mit demselben Engagement versuchen, diese zukünftig zu vermeiden. Hören sie öfter von ihrer Umgebung, wie ungeschickt sie sich doch gerade wieder anstellen, werden sie das bald als Tatsache sehen, wenn es nicht von Seiten der Erwachsenen richtig gestellt wird, zum Beispiel mit dem Hinweis, dass ein Kind jeden Tag ein bisschen wächst und es deswegen normal ist, wenn da mal was runterfällt.

Eltern

Dies hat übrigens nichts damit zu tun, dass man mit den eigenen Eltern oder anderen Erziehungspersonen erst einmal »abrechnen«, etwas bearbeiten oder lösen müsste. Denn die meisten Eltern haben gegeben, was sie geben konnten. Was einer aber nicht hat und nicht kann, kann er auch nicht weitergeben. Den meisten Eltern braucht man somit nichts vorzuwerfen und auch nichts zu vergeben, von einigen schwarzen Schafen mal abgesehen. Die Eltern sind also nicht im Fokus unserer Betrachtungen.

Das, was einem die eigenen Eltern nicht mitgeben konnten, wird spätestens mit dem Erwachsenwerden zur eigenen Aufgabe.

Konnten einem die Eltern etwas Bestimmtes nicht geben, zum Beispiel das Gefühl, so wie man ist, geliebt zu sein, ist es später die eigene Aufgabe, genau dies in das eigene Leben zu bringen. Tut man dies nicht, bleibt das Lebensthema erhalten und wird zur Ursache vielfältiger Probleme - insbesondere in der Partnerschaft wird es zur permanenten Störquelle.

Unter guten Bedingungen spielen die alten Lasten keine Rolle

Bei Menschen mit sehr schwierigen Lebensbedingungen in der Kindheit ist es wahrscheinlich, dass sie auch Jahre später niemals innere Ruhe und Frieden erleben. Sind die Belastungen am Lebensanfang aber geringer - und das trifft auf die meisten Menschen zu - verschwinden die alten Geschichten auch immer wieder mal für mehr oder weniger lange Zeit im psychischen Untergrund. Insbesondere junge

Menschen, mit ihrer unbegrenzt scheinenden Energie, können einen hohen Grad an Zufriedenheit erleben, auch wenn die Kindheit nicht so rosig war. Wenn man also Energie zur Verfügung hat und die Lebensumstände auch einigermaßen okay sind, kann es sich so anfühlen, als hätte man die Lasten der Kindheit hinter sich gelassen. Das ist aber ein (weit verbreiteter) Irrtum. Es ist wie im Bild mit dem Riff unter der Wasseroberfläche: Steht das Wasser ausreichend hoch, hat man kein Problem mit den scharfen Kanten in der Tiefe. Das Riff taucht erst auf, wenn von dem Wasser - hier als Symbol für Wohlgefühl, persönliche Energie und innere Balance - nicht mehr genug vorhanden ist.

Bild: Wasser unter dem Kiel, Grafik: R. Krätzig

Solange noch genügend Wasser unter dem Kiel ist, können sich auch psychisch vorbelastete Menschen sehr gesund fühlen und auch das Gefühl haben, selber Herr im eigenen Hause zu sein - also selber bestimmen zu können, was sie mit ihrem Leben machen. Viele Patienten, die dann irgendwann jenseits des 40. oder 50. Lebensjahres den Psychotherapeuten aufsuchen, zeigen sich vollkommen irritiert über den gerade erlittenen psychischen Einbruch. „Ich habe doch schon wunderbare Zeiten erlebt, wieso ist das plötzlich alles nicht mehr so", oder ähnlich sind ihre Formulierungen. Dieselben Menschen können auch kaum glauben, dass die Kindheit hier Ursache sein soll. Die bereits erlebten guten Zeiten scheinen anderes zu belegen.

DIE BESONDERE ROLLE VON STRESS

Unser Bewusstsein ist ein großartiges Instrument. Es kann unglaubliche Leistungen vollbringen und ist die Grundlage für alles, was Menschen auf dieser Welt geschaffen haben. Unter bestimmten Bedingungen wird es in seinen Möglichkeiten aber massiv beschränkt und dann übernehmen ausschließlich die unbewussten Systeme die innere Steuerung. Dies geschieht, wenn das innerliche Stressniveau ein bestimmtes Maß überschreitet - dieses ist bei jedem anders, es hängt wesentlich von den Belastungen der Kindheit ab. Wer hoch belastet war, hält weniger Stress aus.

Das Großhirn ist blockiert

Man kann das ganze Prinzip auch krasser formulieren. Dazu schauen wir auf die im Laufe der Entwicklungsgeschichte entstandenen Hirnschichten. In einer sehr vereinfachenden Sichtweise können wir drei Ebenen unterscheiden. Zuerst hatte sich das Reptiliengehirn - auch Stammhirn genannt

- entwickelt. Danach entstand das limbische System, auch als Zwischenhirn oder Säugerhirn bezeichnet, es ist das für die emotionale Steuerung verantwortliche Hirnsystem. Die jüngste Entwicklung ist das alles überlagernde Großhirn, es ist der Sitz von bewusstem Denken, Erinnerung und Sprache. Wenn die Psyche in Stress gerät, wird der Mensch überwiegend aus den beiden unteren Schichten gesteuert. Die Freiheiten des Bewusstseins sind massiv beschränkt. Das Großhirn funktioniert in erster Linie als Assistent der unteren Systeme. Bezugspunkt für das Handeln sind vorwiegend abgespeicherte Erfahrungen - auch solche aus längst vergangenen Zeiten.

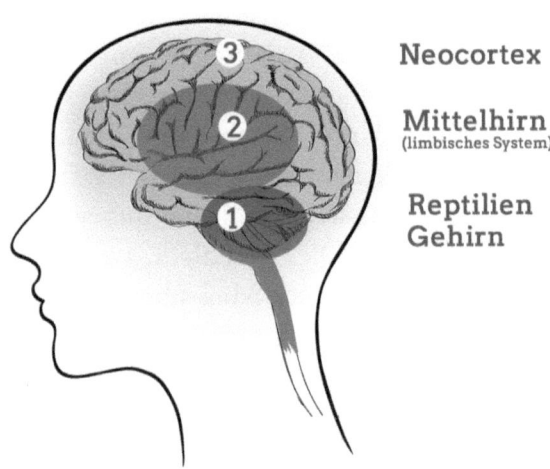

Neocortex

Mittelhirn
(limbisches System)

Reptilien Gehirn

Abbildung: Das Großhirn wird zum Assistenten, Grafik: R. Krätzig, Bildgrundlage: AdobeStock_100946571

Im Umgang mit einem psychisch belasteten Menschen - zum Beispiel dem Beziehungspartner, der gerade mit einem streitet - macht es also überhaupt keinen Sinn, an das

Bewusstsein beziehungsweise die Vernunft dieser Person zu appellieren und sie aufzufordern, sich doch mal zusammen zu reißen. Da das Steuerpult der bewussten Führung aktuell unbesetzt ist - so lange das subjektive Leid anhält - kann auch niemand die Appelle und Aufforderungen umsetzen. Das wichtigste und stärkste Mittel zur Selbstregulierung steht nicht zur Verfügung. Das hat auch nichts mit mangelndem Willen, Bequemlichkeit oder Faulheit zu tun. Auch die Frage nach der Intelligenz stellt sich hier nicht. Auch bei ausgesprochen intelligenten Menschen läuft dasselbe ab, diese sind unter Stress genauso eingeschränkt wie weniger intelligente.

Weil das so ist, macht es auch niemals Sinn, eine bereits entbrannte Auseinandersetzung weiter zu führen. Beide Beteiligten sollten dies wissen und sobald es einer bemerkt, sollten sie auseinandergehen und jeder für sich erst mal zur Ruhe kommen.

AUS DEM STRESS AUSSTEIGEN

Wenn Stress die Ursache dafür ist, dass man in alte Verhaltensmuster umschaltet und diese wiederum die Ursache für die Probleme in der Beziehung sind, ergibt sich die klare Aufgabe, so schnell wie möglich aus dem Stress auszusteigen. In Band 1 von »Ein Paar sein und bleiben« haben Sie bereits eine sehr wirksame Möglichkeit (die Feel-Free-Technik) dafür kennengelernt, aber nicht immer braucht man so tiefgehende Mittel. Mitunter reichen auch schon ganz einfache Techniken. Hier folgen zunächst drei und in Teil 5 finden Sie noch 20 weitere davon.

Drei einfache Techniken

Ich zeige Ihnen jetzt ein paar kleine Techniken zum sofortigen Ausstieg aus belasteten Momenten. Also: »Instant-Stress-Aussteiger-Techniken«. Wenn Sie sich diese anschauen, schlage ich vor, dass Sie für einen Moment nicht darüber nachdenken, was Sie da gerade tun und warum das wirkt, sondern die Aufgabe direkt umsetzen. Spüren Sie hin, was das in Ihrem Körper bewirkt. Also: einfach machen!

1. Ausatmen

„Komm, atme erst mal aus", haben Sie vielleicht schon mal selber zu einem gestressten Mitbürger gesagt. In dem Satz steckt Wahrheit. Wer tief ausatmet, bringt Körper und Psyche dazu, von einem Moment auf den anderen das innere Anspannungsniveau etwas herunter zu fahren. Wenn der Urmensch vor vielen tausend Jahren tief ausatmete, war die Gefahr vorbei. Er war dem Bären, den Wölfen oder sonst einer Bedrohung entkommen und konnte jetzt innerlich herunterfahren. Probieren Sie es aus. Nehmen Sie einen normalen Atemzug und atmen dann tief aus. Es ist wie bei einem Seufzer der Erleichterung.

Bei so einem Seufzer klingt manchmal auch die Stimme mit und das macht die Erleichterung noch intensiver. Atmen Sie also normal ein, dann ganz tief aus und lassen die Luft beim Ausatmen über die Stimmbänder streichen. Probieren Sie verschiedene Lautstärken aus. Wenn es ungewohnt ist, so zu tönen, erlauben Sie sich am Anfang eine leise Stimme oder bleiben einfach still. Es geht um Entlastung und nicht darum, zusätzlichen Stress dadurch zu erzeugen, dass Sie von sich verlangen, jetzt mit großer stimmlicher Intensität zu üben, dies aber innerlichen Widerstand auslöst. Wenn es aber überhaupt kein Problem ist, lassen Sie sich nicht davon abhalten, auch mal etwas lauter beim Seufzen zu werden. Es hilft!

Je nachdem, wie stark Sie gerade belastet sind, reicht es vielleicht nicht, nur einmal intensiv auszuatmen. Machen Sie es einfach öfter.

Sie unterstützen die Wirkung, wenn Sie Ihre gesamte Aufmerksamkeit auf diesen Vorgang richten. Nehmen Sie sich also in Ihrem Atem und Ihrer Atembewegung wahr. Spüren Sie sich, hören Sie sich und machen einen Moment nichts anderes, als in dieser Weise zu atmen. Wenn Sie es nur halbherzig machen, ist die Wirkung geringer.

2. Lächeln

Ähnlich wirkungsvoll ist eine andere, noch viel kleinere körperliche Veränderung. Es geht ganz einfach: setzen Sie ein Lächeln auf. Ganz gleich ob ein kleines zartes und nur angedeutetes Lächeln oder ein breites Grinsen von Ohr zu Ohr. Lächeln ruft eine ganze Lawine von Veränderungen im eigenen Körper und in der Psyche hervor. Wer lächelt, kann nicht negativ denken. Wer lächelt, signalisiert der eigenen Psyche und dem eigenen Körper, dass er in Sicherheit ist, dass alles in Ordnung ist. Sofort geht das Stressniveau herunter und innerlich entstehen Ruhe und Gelassenheit.

Wer das öfter macht, hat mehr davon und erzielt mehr Effekt mit einem einzelnen Lächeln, als jemand, der es selten tut.

Machen Sie es, auch wenn es sich gerade ein bisschen komisch anfühlt. Das Lächeln wirkt dennoch. Lassen Sie sich nur nicht von Ihren Zweifeln überreden, sofort damit wieder aufzuhören. Wenn Zweifel kommen, geben Sie diesen so wenig Raum wie möglich. Argumentieren Sie dagegen an. Stellen Sie sich auf die Seite, für die das Lächeln jetzt gerade okay ist. Wenn man sich dafür entscheidet, dass einem das gerade peinlich ist, wird man es gleich wieder sein lassen und dann kann sich die positive Wirkung auch nicht entfalten.

Einfach machen: Lächeln Sie - ganz ohne Grund. Einfach immer wieder mal lächeln - und sagen Sie damit Ihrer Psyche, dass alles okay ist. Auch hier gilt, dass das ganze umso intensiver wird, je mehr Aufmerksamkeit Sie auf sich selber richten. Spüren Sie also hin, was das Lächeln mit Ihnen macht. Wie sich Ihr Körper vielleicht ein bisschen aufrichtet, wie die Gesichtsmuskeln sich verändern, der Blick etwas weicher wird, vielleicht auch der Atem etwas tiefer usw.

3. Aufrechte Haltung

Wenn es einem nicht so gut geht, kommt man in einen Zustand erhöhter Anspannung. Der Körper zieht sich zusammen, alles wird enger und man wird etwas kleiner - weil man auch den Kopf einzieht. Wenn es einem gut geht, ist man in der Regel innerlich aufgerichtet und in einem leichten, entspannten Modus. Probieren Sie das doch einmal aus. Gehen Sie mal bewusst in eine zusammengezogene Haltung. Ziehen Sie den Kopf ein und die Schultern hoch, gehen ein bisschen in die Knie, machen sich kleiner und enger. Spüren Sie jetzt für einen Moment in sich hinein und registrieren, wie sich das anfühlt. Jetzt richten Sie sich auf, ganz entspannt, der Kopf ist oben, die Schultern ebenfalls entspannt und ein bisschen zurückgenommen, so als würde man sein Herz der Welt präsentieren - mit dem Licht in seinem Herzen die Welt beleuchten - so, dass der Brustkorb mehr Raum für die Lunge und das Herz bereitstellt. Nehmen Sie gleichzeitig einen tiefen Atemzug. Diese kleine Aktion hat sofort eine positive Wirkung auf die Psyche.

4. Kombination

Kombinieren Sie doch mal alle bisher genannten Hilfsmittel: Richten Sie sich auf, atmen Sie dann tief ein und mit einem Seufzer noch tiefer aus. Gleichzeitig setzen Sie ein Lächeln auf ...dann spüren Sie, wie sich das anfühlt.

Warum funktionieren diese Techniken?

Warum wirken diese kleinen Aktivitäten? Weil wir Menschen einfach so sind, wie wir sind. Wir nutzen Wirkmechanismen, die im Körper »fest verdrahtet sind«. Körper und Psyche - und dazu gehören auch unsere Gedanken und unsere Gefühle - sind keine voneinander getrennt funktionierenden Systeme, sondern eine Einheit. Sie gehören zusammen, sind verschiedene Aspekte desselben Geschehens. Jedes seelische Geschehen ruft unweigerlich auch körperliche Reaktionen hervor. Auf vielen Ebenen: Eine veränderte Stimmung wirkt sich auf Mimik, Gestik, Muskelanspannung, Stressniveau, Sinnesverarbeitung, Verdauung und so weiter aus. Diese Wirkung geschieht auch umgekehrt. Wenn man etwas im Körper verändert, wirkt das auch auf die Psyche. Wer seine Muskeln bewusst entspannt, merkt schnell, dass damit auch die Psyche ruhiger wird. Aber die Muskeln sind nicht der einzige Ansatzpunkt, auch über den Atem, die Mimik, die Gestik, die Körperhaltung und Bewegung können wir direkt über den Körper auf die eigene Psyche einwirken.

---

*

Nichts für Sie dabei? Schauen Sie bitte auch in den letzten Teil des Buches, dort finden Sie weitere Instant-Aussteiger-Techniken. Für manche sind diese Techniken bereits hinreichend, um innerlich wieder zur Ruhe zu kommen und einen klaren Kopf zu kriegen. Sie wirken übrigens umso verlässlicher, je häufiger man diese anwendet, je entschiedener man sie einfach ausführt und je weniger man gleichzeitig im Kopf daran zweifelt.

Bei vielen Menschen reichen diese Techniken aber nicht aus, um grundsätzlich Ruhe in die eigene Psyche zu bringen. Einigen gelingt es vielleicht, mit dem Lächeln im Gesicht ein paar Sekunden zu retten, um dann doch gleich wieder im inneren Stress zu sein und die Situation im Miteinander genau wie vorher einfach nur dunkel und perspektivlos zu erleben. Bei anderen helfen die einfachen Techniken überhaupt nicht ... aber wir sind ja erst am Anfang des Buches.

Den eigenen Stress bemerken

Nicht immer merkt man, wenn man innerlich unter Stress ist und auch die deshalb erfolgte Abschaltung des frontalen Kortex bleibt unentdeckt, insbesondere wenn man davon auch nichts weiß. Scheinbar ist da kein Unterschied, wir haben weiterhin Gedanken und Gefühle, allerdings jetzt aus anderen Schichten des Gehirns gesteuert. Wichtigstes Kriterium, um einen Stresszustand zu bemerken, ist die Qualität des eigenen Erlebens. Es geht einem weniger gut in so einem Moment. Solange wir freien Zugriff auf unser Bewusstsein haben, fühlen wir uns in der Regel eher gelassen und in Sicherheit, sind wir dagegen im Stress, sind wir irgendwie angespannt, aufgepeitscht, niedergeschlagen, ärgerlich, missmutig oder ... Die Spannbreite des Erlebens ist ziemlich groß, hat aber in jedem Fall ein negatives Vorzeichen.

Mit diesem Wissen stellt sich als Aufgabe, die Aufmerksamkeit öfter mal auf die eigene Person zu richten und herauszubekommen, woran man merken kann, wenn man selber in einen Stresszustand geraten ist. Der eine merkt es vielleicht an seiner schlechten Laune, ein anderer daran, dass er sich gerade nicht so gut konzentrieren kann, der dritte vielleicht an der Anspannung in seinem Nacken. Beobachten Sie sich also mal einige Tage und machen eine Liste über mögliche Anzeiger. In Abschnitt sechs folgen noch einige Anregungen, wie man sich die notwendige Aufmerksamkeit und Sensibilität antrainieren kann. Sie können übrigens auch die Menschen in Ihrer Umgebung dazu befragen, denn Personen, mit denen man häufiger zu tun hat, wie Arbeitskollegen, Partner oder Freunde, wissen meist sehr gut, wann man im Stress ist und wie man sich dann verhält - oft schon viel früher als man selbst.

Man kann sich bei der Einschätzung des eigenen Entspannungszustandes auch sehr irren. Das konnte ich feststellen, als ich damit anfing, mit einem technischen Hilfsmittel meinen eigenen Entspannungszustand und den von Klienten zu überprüfen. Ich berichte weiter unten im Buch noch etwas detaillierter darüber. Hier sei nur angemerkt, dass das Messgerät auch dann noch einen Stresszustand anzeigte, als der jeweilige Proband einige kleine Entspannungstechniken durchgeführt hatte und subjektiv der Meinung war, sich in einem guten, entspannten Zustand zu befinden. Auch bei mir selbst konnte ich so etwas beobachten. Ich lernte also, dass manche Art Stress auch dem eigenen Bewusstsein entgeht. Dieser unterschwellige und unbemerkte Stress verschwindet aber messbar, wenn man seinen eigenen Schlüssel zur Psyche anwendet. Wie das geht, erfahren Sie weiter unten.

STRESSURSACHE: LEBENSTHEMA

Für die Abschaltung des Großhirns ist es gleich, welche Umstände den Stress verursachen, alles kann Auslöser sein. Gleich ob berufliche Anforderungen, private Probleme, Streitereien, Alltagsmissverständnisse, die verstopfte Straße oder einfach nur der falsche Ton in der Stimme des Gegenübers - vieles kann dazu führen, dass die Psyche Stress erlebt und das limbische System die Freiheit bewusster Entscheidungen einschränkt. Allerdings erlebt jeder Mensch Stress individuell anders und auch die Auslöser sind andere.

Bei jedem Menschen gibt es aber mindestens ein Thema, welches ihn besonders schnell und besonders intensiv belastet. Dieses Thema kristallisiert sich bereits in der Kindheit heraus und hat mit dem Lebensbereich zu tun, in dem damals die größten Belastungen auszuhalten waren. Dieses Thema bezeichne ich als **Lebensthema,** weil es so eine zentrale Bedeutung für das gesamte Leben hat.

Ein Lebensthema entsteht, weil ein Grundbedürfnis[1] des Kindes unzureichend befriedigt wird. Irgendetwas Wesentliches ist zu wenig da oder etwas Belastendes ist zu viel. Zu wenig Aufmerksamkeit, zu wenig Liebe, zu viel Anforderung, zu viel Einengung, zu wenig Platz für eigene Entfaltung, zu viel Unruhe, zu wenig Sicherheit - um nur einige mögliche Ursachen zu benennen. Jede einzelne wird zur Grundlage eines Lebensthemas. Liegt vieles im Argen, formt sich daraus ein komplexes Lebensthema oder sogar mehrere, die nebeneinander bestehen.

---

1   Krätzig, R., »Neue Lösungen für vertraute Probleme«, Hier bin ich eingehend auf den Zusammenhang zwischen unbefriedigten Grundbedürfnissen und der Entstehung eines Lebensthemas eingegangen

Lebensthema = besonderer Stress

Für unseren Blick auf die stressbedingten Umschaltprozesse in unserem Kopf ist es wichtig, zu wissen, dass innerlich - und oft unbemerkt - sofort Stress entsteht, wenn das eigene Lebensthema berührt wird. Dies führt sehr viel schneller zum innerlichen Umschalten in alte Bewältigungsmuster als andere Stressverursacher. Wenn zum Beispiel ein Mensch in seiner Kindheit zu stark eingeengt wurde, gerät die Person auch noch Jahre später innerlich sofort in Wallung, wenn sie sich eingeengt fühlt. In Partnerschaften ist dies ein häufiges Thema. Hierzu ein Beispiel.

Mike

Mike ist frustriert. Seine Frau Melanie schildert er als lieb und freundlich, immer aufmerksam und zugewandt, aber weil sie allen anderen gegenüber genauso ist, gebe es keine ruhigen Momente mehr miteinander. Entweder sie chattet mit diversen Freundinnen über das Smartphone oder das Tablet oder sie ist mal eben für 1 Stunde bei der Nachbarin oder kommt abends erst sehr spät nach Hause, weil sie noch bei Freunden hängen geblieben war. Er hat es ihr schon mehrfach gesagt, aber sie hat nur geantwortet, dass sie ihn als einengend erlebt, wenn er ihr nicht ihre Kontakte erlaubt. „Ich brauche das einfach und wenn du mit mir leben willst, dann musst du das aushalten. Ich lasse dich doch auch so wie du bist."

Mike ist damit allerdings nicht zufrieden, denn sein Bedürfnis nach ruhigen Momenten mit seiner Freundin trifft ja nicht auf Zustimmung. Auf die Frage, woher er denn diese spezielle Art von Frust kennt, kommt er schnell zu der Erkenntnis, dass es in seiner Familie früher auch immer so unruhig war. Er war als ältester von vier Geschwistern groß geworden und der Frust, den er mit seiner Freundin erlebt, erinnert ihn daran, wie er früher in dem Gewimmel im

Wohnzimmer gesessen hatte und sich öfter mal wünschte, ein Einzelkind zu sein. Alles drehte sich immer um die Jüngeren und immer wieder hatte er das Gefühl, zu kurz zu kommen.

Seine Frau Melanie war in einem emotional sehr beengten Elternhaus aufgewachsen. Die Eltern ließen ihr kaum Spielraum, funkten überall dazwischen. Erst als sie mit 16 das Haus verlassen hatte, konnte sie ein eigenes Leben führen. Zuhause sein bedeutet für sie noch immer, unfrei zu sein.

Die Streits zwischen den beiden entzünden sich, wie bei vielen anderen, an Kleinigkeiten des Alltags, aber im Kern ist Mike frustriert, weil Melanie ihm zu wenig ruhiges Miteinander schenkt und sie ist sauer, weil sie sich von ihm eingeengt fühlt. Deutlich ist, dass es die Themen der Kindheit sind, die hier zum Problem werden.

Wenn das Lebensthema berührt wird

Wird das Lebensthema berührt, schaltet man sofort in einen Stressmodus um und greift auf die zum eigenen Lebensthema dazugehörigen Verhaltensmuster, inneren Überzeugungen, Denk- und Fühlmuster zurück. Im schlechtesten Fall (der leider häufig eintritt) führt die dadurch entstehende Störung auch beim Gegenüber zum Umschalten in alte Verhaltensmuster. Diese alten Muster waren in ihren Grundstrukturen bereits vor vielen Jahren - unter gänzlich anderen Lebensbedingungen - entstanden. Die Folge sind Missverständnisse, aneinander vorbeireden, Verletzungen, Vorwürfe und so weiter. Da die zwei Menschen jetzt aus ihren Problemmustern heraus miteinander umgehen, kann nichts Gutes entstehen. Ich habe diesen Mechanismus zuerst in meinem paartherapeutischen Buch »Paare in Krisen«

erläutert, er ist die Ursache für die meisten Schwierigkeiten im Miteinander, wobei dies nicht nur auf Paare zutrifft, sondern auch auf die Schwierigkeiten unter Freunden, Geschwistern und Kollegen.

Wird das Lebensthema einer Person berührt, kann dies für andere irritierend sein. Der Mensch verändert sich in Tonlage, Körperhaltung, Körperspannung, Gesichtsausdruck et cetera. Eine vielleicht eben noch harmonische Atmosphäre im Miteinander ist plötzlich verschwunden und Anspannung breitet sich aus - als Begleiter weiß man überhaupt nicht, was gerade passiert ist und warum die Stimmung des anderen gerade so gekippt ist.

Wie merkt man das bei sich selbst?

Woran kann man merken, dass bei einem selbst das Lebensthema berührt ist? Misstrauisch sollte man werden, wenn man plötzlich in einen anderen Status umgeschaltet hat, unvermittelt angespannt, genervt, schlecht gelaunt, unwillig ist, keine Zeit mehr hat, keine Lust, sich angemacht fühlt, beleidigt, verletzt oder ... Diesen Wechsel wird man allerdings als wohlbegründet verstehen und ihn deshalb kaum als unpassend oder irritierend erleben. Weil man es nicht merkt, kann man dieses Umschalten zumindest anfänglich nur rückblickend erfassen, zum Beispiel mit der Frage an sich selbst: „Wann hat sich heute meine Stimmung ins Negative gedreht?" Um so etwas frühzeitig zu bemerken, braucht es eine gut geschulte Aufmerksamkeit - diese wird in Abschnitt 6 zum Thema dieses Buches.

Man kann die Frage, wann man von einem Verhaltensprogramm aus der Kindheit gesteuert wird und wie man das merken kann, auch umgekehrt angehen. Wann kann man sicher sein, dass dies gerade nicht der Fall ist und die alten Programme ruhen? Wir hatten die Frage in umgekehrter Richtung weiter oben schon gestellt. Es gibt eine einfache Antwort darauf: immer dann, wenn es einem gut geht, ist man vermutlich nicht von alten Themen dominiert.

Es geht Ihnen selten gut? Dann ist die Wahrscheinlichkeit sehr groß, dass Sie entsprechend häufig aus den belastenden Themen Ihrer Kindheit heraus gesteuert werden. Die machen sich nicht nur bemerkbar, wenn man sich in einem Konflikt befindet, sondern können auch im Alltag beständig das Handeln und Denken bestimmen. Es gibt Menschen, die niemals aus ihren alten, aus Belastungssituationen entstandenen Verhaltensmustern heraus kommen. Das merkt man daran, dass diese Personen immer irgendwie belastet wirken, von negativem Denken über sich selbst oder andere geprägt sind, nie lächeln, immer nur schweigen oder meckern, immer das Haar in der Suppe finden et cetera - und das alles, ohne eine Ahnung zu haben, dass sie nur x-te Fortsetzungen ihres Kindheitsdramas inszenieren.

Dazu muss man wissen, dass es mit unserem Denken wie mit den Eisbergen ist. Das, was wir bewusst von der Fülle unserer Gedanken wahrnehmen, ist nur ein kleiner Teil. Der größte Teil - aus dem Unbewussten gesteuert - läuft für uns unbemerkt. Aber er bestimmt die Art und Weise, wie wir die Welt sehen. Sind wir aus den negativen Programmen der eigenen Kindheit gesteuert, dann sehen wir die Welt eher eng, gefährlich, belastend, unangenehm, einschränkend, anstrengend oder ähnlich.

Fragen Sie sich doch einmal, ob die Grundtendenz, wie Sie sich und die Welt erleben, eher negativ oder eher positiv ist. Der Stoff, aus dem die alten Verhaltensprogramme sind, ist eher dunkler. Wer da hinein gerät, zweifelt an sich selbst, schaut negativ auf die Welt und ist vielleicht von Befürchtungen und Ängsten bewegt.

Wenn man weiß, dass das, was ein Mensch denkt, sein Leben letztlich prägt, ahnt man, welche negativen Auswirkungen Belastungen der Kindheit auf das gesamte Leben haben können. Im schlechtesten Fall bestimmen die Fehleinschätzungen über die eigene Person, die man als Kind aus den schwierigen Situationen heraus getroffen hat, noch immer den gesamten Alltag, auch wenn Sie inzwischen viele Jahre älter sind.

Besonders fatal ist, dass man nichts davon merkt. Denn man ist es inzwischen gewohnt, so zu denken, so zu fühlen und so zu leben. Es sind Gewohnheiten geworden und über diese denken wir selten nach. Gewohnheiten kann man aber nur ändern, wenn man sich damit beschäftigt und dann mit viel Aufmerksamkeit anfängt, neue, andere Gewohnheiten aufzubauen, damit die irgendwann den Platz der alten Gewohnheiten einnehmen.

Das ist das eigentliche Ziel dieser Buchreihe. Es geht darum, Ihnen dabei zu helfen, Ihr Leben auf ein neues Fundament zu stellen und es endlich so zu leben, wie Sie es sich immer gewünscht hatten. Vollkommen überzeugt, dass Sie das wert sind und dass es Ihnen auch zusteht. Ausgestattet mit neuen Gewohnheiten, die genau diese Lebensweise ins alltägliche Handeln, Fühlen und Denken umsetzen.

Das Lernen neuer Verhaltensweisen ist nicht einfach

Sie glauben, die eigene Psyche in den Griff zu bekommen, wenn Sie sich nur ein bisschen mehr zusammenreißen? Ein bisschen Konzentration aufbringen, ein paar coole Sprüche lernen und immer wieder aufsagen oder einfach nur mit der richtigen App … Da gibt es ein Problem.

Denn wenn unter Stress das Großhirn »herunter gefahren« wird, ist das Bewusstsein außen vor und damit gibt es auch keinen Zugriff mehr auf die eben noch gefassten guten Vorsätze. Hatte man sich gerade vorgenommen, keinen Streit mehr anzuzetteln, wird man es Sekunden später wieder tun - wenn die eigene unbewusste Psyche unter Stress gerät. Weil das Großhirn dann nur eingeschränkt zur Verfügung steht, funktioniert auch das Lernen neuer Verhaltensweisen nicht mehr. Diese Funktionszusammenhänge im Gehirn verhindern also verlässlich, dass Menschen gerade in den Lebensbereichen neue Verhaltensweisen lernen, in denen sie am meisten auf neues Lernen angewiesen wären. Genau dort, wo die Möglichkeiten des Bewusstseins am meisten gebraucht werden, steht es nicht zur Verfügung.

Wie kann man dann aber eingreifen? Wie eben schon angedeutet, braucht man neue Gewohnheiten. Diese werden aus der Tiefe der eigenen Psyche gesteuert und brauchen kein allzeit präsentes Bewusstsein. Diese Gewohnheiten müssen aber auch zu dem Thema passen, um das sich die alten, störenden Verhaltensmuster drehen. Hier sind wir wieder beim Lebensthema. Offensichtlich kommen wir nur weiter, wenn wir dieses näher erfassen. Wie sieht es damit bei Petra und ihrem Mann aus?

Petra

Wenn ihr Mann von der Arbeit nach Hause kommt, liebt er es, im Mittelpunkt zu stehen. Alles soll sich um ihn drehen, er braucht das. Schon öfter hatte er ausgedrückt, dass es das ist, wofür er sich so anstrengt. Petra hat aber auch ihren Beruf, zusätzlich jede Menge Hausarbeit und außerdem muss sie die Kinder versorgen. Am liebsten wäre es ihr, wenn ihr Mann erst einmal die Kinder übernehmen würde. Damit sie dann in Ruhe andere Arbeiten erledigen oder vielleicht sogar mal ein paar Minuten abschalten kann.

Einige Male hatte sie es gewagt, ihm die Kinder zu überlassen und sich zurückzuziehen. Jedes Mal war daraus ein Drama geworden. In kürzester Zeit zeigte er sich ungerecht gegenüber den Kindern, fing Streitereien mit Ihnen an und bewies in aller Deutlichkeit, dass er als Vater nichts taugt. Wenn sie ihn dann für seine Ungeduld kritisierte, ging er an die Decke und lamentierte darüber, dass sie ihn offensichtlich zu wenig liebe, dass sie nicht einmal diese paar Minuten für ihn habe. Inzwischen reißt sich Petra zusammen, schluckt ihre Bedürfnisse herunter und spielt für ihn die entspannte Ehefrau und Mutter. Schon seit einiger Zeit hatte sie angefangen, ihren Frust mit Alkohol herunter zu spülen. In der Psychotherapie finden wir heraus, dass es früher immer der Vater war, der mit seinem Frust die Familie terrorisierte. Alle mussten es ihm recht machen und wer das nicht tat, wurde angeschrien, manchmal sogar geschlagen. Petra entdeckt, dass sie sich heute genauso verhält wie früher ihre Mutter. Auf magische Weise hat Petra einen ähnlichen Mann gewählt. Weil ihr Vater sich immer nur um sich selbst drehte und ihre Mutter voll damit beschäftigt war, den Vater zufriedenzustellen, war Petra in vielen Dingen zu kurz gekommen. Ihre eigenen Belange standen nie im Mittelpunkt, so sehr sie sich auch als braves Mädchen darum bemühte, die Eltern zufrieden zu stellen. Die waren einfach zu sehr mit sich selbst beschäftigt. Diesen Mangel hat sie in ihr Erwachsenenleben mitgenommen, aber auch die Erfahrung, dass ihr Bemühen um Veränderung meist vergeblich ist.

Das Lebensthema von Petra ist ihre Sehnsucht danach, gesehen zu werden und mal im Mittelpunkt zu stehen. Auch ihr Mann hat dieses Thema. Er versucht, es jeden Abend mit Druck durchzusetzen. Allerdings ist auch sein Bemühen von Vergeblichkeit geprägt. Denn seine Frau spielt ihre Zuwendung nur noch, innerlich hat sie sich von ihm längst abgewendet. Auch seine Kinder mögen diese abendlichen Situationen überhaupt nicht, sie leiden darunter, erleben sie als Belastung.

Im Kern ist das Lebensthema von Petra ähnlich wie das aus dem Beispiel mit Mike. Es geht auch um Aufmerksamkeit. Allerdings braucht Mike Ruhe gemeinsam mit seiner Freundin und Petra braucht Zeit für sich. Diese Unterscheidung klingt nicht wesentlich, wenn wir weiter unten Lösungen für diese Paarprobleme suchen, werden wir aber sehen, wie wichtig diese individuellen Details sind.

Welche neuen Gewohnheiten müssten in das Leben von Petra und Mike einziehen, damit beide innerlich etwas ruhiger werden? Diese Gewohnheiten müssten sich um das Thema Aufmerksamkeit drehen und zwar in einer positiven Weise. Mike sollte dabei innerlich ein Gefühl von ruhiger Gemeinsamkeit erleben und Petra immer wieder das Gefühl, frei zu sein, sich um sich drehen zu dürfen und sich Aufmerksamkeit genauso holen zu dürfen, wie sie es mag. Wir werden im weiteren Verlauf noch genau schauen, wie man sich solche Gewohnheiten erarbeitet und wie man sie dann umsetzt. Hier sei schon einmal angedeutet, dass es vermutlich helfen könnte, wenn beide sich immer wieder mal in ihren Gedanken mit guten Erinnerungen an solche Momente befassen würden, in denen das Leben für einen Moment genauso gelaufen war, wie sie es sich ersehnen. Für einen Moment zieht dann das Erwünschte erneut in ihre Gegenwart ein und für die eigene Psyche ist das eine vollwertige Erfahrung. Und weil wir aus Erfahrungen lernen, sind wir ein kleines Stück weiter. Und weil das nicht nur mit Erinnerungen so geht, sondern auch mit Fantasien, dürfen wir dazu auch die eigene Kreativität nutzen. Aber eines nach dem anderen.

Beziehungspartner haben immer ein ähnliches Lebensthema

In Band 1 hatte ich schon darüber geschrieben, dass

Menschen dazu tendieren, sich einen Partner auszuwählen, der ungefähr ähnliche Belastungen in seiner Kindheit erlitten hat wie man selber. Sowohl in der Art der Belastungen als auch in der Intensität. Dabei haben beide nicht genau dasselbe erlebt. Der eine ist vielleicht in einer Familie von zehn Kindern allein gewesen, der andere als Einzelkind. Der eine ist in einer zerbrochenen Familie überfordert worden, der andere in einer scheinbar intakten Umgebung. Beide haben mit einer ähnlichen Not unter verschiedenen Bedingungen verschiedene Erfahrungen gemacht. Sie haben unterschiedliche Lösungen gefunden und erprobt. Wenn sie sich dann Jahre später zusammentun, kommen zwei Experten zu demselben Thema zusammen. Eigentlich eine großartige Sache. Beide holen sich jemanden ins Boot, der ganz viel Wissen und Können in Bezug auf das zentrale Thema des eigenen Lebens mitbringt. Das alles findet unbewusst statt. Faszinierend, wie das geschieht und wie es unbemerkt vom Bewusstsein abläuft.

Gerne zeigen beide Partner mit dem Finger auf den anderen, überzeugt, dass der andere die Schuld an den Problemen des Miteinanders hat. Es gibt natürlich auch Ausnahmen, das sind die Menschen, die sich selbst immer zuerst als Schuldigen sehen. Aber in beiden Varianten liegt es niemals nur an einem Partner. Beide gemeinsam sind für die Probleme verantwortlich - zu gleichen Teilen. Nur wer das akzeptieren kann, wird etwas verändern können. Wie das geht, werden wir weiter unten sehen.

Verändern kann man übrigens immer nur den eigenen Beitrag zu den Problemen. Für den Beitrag des anderen ist der selber verantwortlich. Weil beide Partner aber ein sehr ähnlich lautendes Lebensthema haben, macht es sehr viel Sinn, sich zusammen zu tun und sich gegenseitig darin zu unterstützen, das eigene Lebensthema endlich zu lösen und damit die Wunden der Kindheit zu heilen.

*

Jetzt wenden wir uns der Aufgabe zu, aufzudecken, was Ihr Lebensthema ist. Was ist das, was da im (meist) Verborgenen eine so wichtige Rolle spielt und vermutlich die meisten Probleme in Ihrem Leben verursacht? Danach können wir uns dann mit der Frage auseinandersetzen, wie eine positive Antwort darauf aussehen kann, wie das eigene Lebensthema also beantwortet und damit in seiner Dringlichkeit auch gemindert werden kann. Ein Mittel dazu wird Ihr eigener, individueller Schlüssel zur Psyche sein, den wir danach erarbeiten.

TEIL 2 - DAS EIGENE LEBENSTHEMA

Den Begriff Lebensthema hatte ich weiter oben bereits eingeführt. Hier noch einmal in Kürze, was ich darunter verstehe:

Belastungen der Kindheit hatten dazu geführt, dass sich im Leben eines Menschen ein bestimmtes Thema (=Lebensthema) herauskristallisierte, welches seither die Psyche hintergründig beeinflusst. Es war entstanden, weil im Damals etwas Wesentliches nicht stimmte. Bei den Bemühungen des betroffenen Kindes, diese Not zu lindern, entstanden Bewältigungsmuster - das sind bestimmte Weisen zu denken, zu fühlen, wahrzunehmen und sich zu verhalten. Viele Probleme des erwachsenen Lebens entstehen genau dadurch, dass diese alten Bewältigungsmuster verwendet werden. Nur wenige Menschen wissen auf Anhieb, um welche Not sich ihr Leben dreht, manche würden leugnen, dass es überhaupt der Fall ist.

Das eigene zentrale Lebensthema zu finden, ist meist nicht schwer, man muss nur etwas genauer auf das eigene gegenwärtige Leben schauen.

SECHS ZUGÄNGE

Ich biete Ihnen sechs verschiedene Wege an, wie Sie Ihr

Lebensthema beziehungsweise die Not, die dazu führte, finden können. Zu einigen Wegen gibt es auch vertiefende Beispiele. Können Sie mit einer der angebotenen Möglichkeiten nichts anfangen, blättern Sie einfach zur nächsten weiter. Für viele dürfte der Blick auf eine Streit- oder Stresssituation am schnellsten zum Ergebnis führen. Denn für die Aufgabe, das eigene Lebensthema herauszufinden, sind die Probleme in der Partnerschaft eine wahre Fundgrube. Sie brauchen sich nur zuzuhören, insbesondere, wenn Sie gerade mit Ihrem Partner, der Partnerin oder jemand anderem schimpfen.

Im Streit wird die Not benannt

Wenn Paare miteinander Stress haben, könnte man aus den Worten oder (manche machen alles still mit sich aus) den Gedanken die Nöte der beiden direkt mitschreiben. Auf dem Zettel stehen dann Sätze wie: Du siehst nicht, was ich tue! Wieso bin ich immer an allem schuld? Du hörst mir nicht zu! Immer bist du abgelenkt. Mach doch auch mal was. Wieso soll ich immer entscheiden? Ich muss hier alles allein machen. Du bist immer so unfreundlich. Deine ewige schlechte Laune. Warum siehst du nicht, wie gut wir es haben. Nie hast du Zeit. Was ich denke, interessiert dich doch gar nicht. Du versprichst viel und hältst nie etwas. Du ruhst dich nur aus und drehst dich nur um deine Sachen. Du bist für mich nicht da. Und so weiter.

Wie findet man aus solchen Aussagen und Fragen die dahinter stehende Not heraus? Das einfachste wäre, die Person direkt zu befragen, zum Beispiel mit der Frage: „Was ist das für dich besonders Belastende daran?" oder mit: „Was ist das, was dir in so einer Situation am meisten fehlt?" Jemand, der sagt: „Du siehst nicht, was ich tue!", fühlt sich vermutlich nicht gesehen. Diese Person will wahrgenommen werden, erlebt zu wenig Aufmerksamkeit und hat daher vielleicht das Gefühl, dass das eigene Tun vergeblich ist. Vielleicht fühlt sich dieser Mensch deswegen auch ungeliebt.

Jemand, der sagt: „Du versprichst viel und hältst nie etwas", fühlt sich vermutlich nicht ernst genommen und damit in seinem Wert als Mensch beziehungsweise als Person gemindert. Dieselbe Person sagt an anderer Stelle vielleicht auch so etwas wie: „Ich bin dir doch vollkommen egal", oder: „Alles andere ist dir wichtiger als ich." Es fehlt, mal wichtig zu sein und ernst genommen zu werden.

Jemand, der sagt: „Warum siehst du nicht, wie gut wir es haben?", braucht vielleicht viel mehr Harmonie. Die schlechte Laune oder Negativität des Partners wird als Last erlebt, aus der es kein Entkommen gibt. Dahinter kann auch der Wunsch stecken, dass der eigene Beitrag zu dieser guten Lebenssituation mehr gesehen wird, also ein Verlangen nach mehr Beachtung.

Jemand, der sich darüber beschwert: „Wieso bin ich immer an allem schuld?", musste vermutlich schon als Kind oft den Kopf hinhalten, wenn ein Schuldiger gesucht wurde. Es wird als ungerecht erlebt, als Ungenauigkeit des Gegenübers und dahinter steht vielleicht ein Bedürfnis nach mehr wertschätzender und vor allem viel genauerer Wahrnehmung des Geschehens. Möglicherweise auch der Wunsch, dass das Gegenüber auch mal selbst die Verantwortung übernimmt.

Vielleicht wird an diesen drei Beispielen schon klar, dass es nicht darum geht, allgemeine Aussagen zu finden, sondern solche, die auf die jeweilige Person genau zutreffen. Dazu muss man die Person selbst befragen. Fragen Sie sich also selbst, worunter Sie in diesem Moment (Streitfall) gerade am meisten leiden. Wichtig ist dabei vor allem das, was Ihnen am meisten fehlt oder am meisten zu viel ist. Schauen wir auf ein Beispiel.

Beispiel 4 - Leon und Marie

Das kinderlose Paar ist seit längerer Zeit in einer Krise. Beide arbeiten, sie macht neben ihrer Arbeit noch den Haushalt, er hat eine lehrende Tätigkeit, für die er auch zu Hause noch viel tun muss. Sie beklagt sich, dass er sich immer hinter seiner Arbeit versteckt und sie nichts mehr von ihm hat. Zu Leon sagt Marie das so: „Nie hast du Zeit für mich. Ich komme mir vor wie der gute Geist in unserem Haus. Ich sorge dafür, dass alles funktioniert, wir etwas zu essen haben und auch die Wohnung einigermaßen gemütlich ist, aber es kommt nichts zurück. Ich bin eben nur ein Geist. Ich brauche mal was von dir - ein paar Worte und immer wieder auch mal eine Berührung, mal in den Arm genommen zu werden und nicht nur einmal in der Woche als Sexualobjekt zu funktionieren." Leon wird bei diesen Worten sofort sauer und antwortet: „Für wen mache ich denn das alles? Ich tue das doch für uns. Ich hätte diese zusätzliche Tätigkeit nicht annehmen brauchen, ich habe das nur gemacht, damit es uns ein bisschen besser geht. Das siehst du überhaupt nicht. Ich glaube, du siehst mich auch überhaupt nicht. Du drehst dich immer nur ums Aufräumen, Putzen und Kochen. Von dir kommt auch nichts, was mich mal von der Arbeit weglocken könnte. Was heißt außerdem, dass du mal ein paar Worte brauchst? Bin ich nicht derjenige, der jeden Abend anfängt, ein bisschen Konversation zu betreiben, um dein vorwurfsvolles Schweigen zu durchbrechen?" Marie: „Aber über was redest du? Es geht immer nur um deine Arbeit, nie um mich oder um uns. Du fragst auch nie, wie es mir geht. Ich glaube, du kennst mich gar nicht." Leon: „Immer nur ich, ich, ich. Du bist so undankbar, dir kann man nichts recht machen."

Diese Konstellation kommt sicher öfter vor. Beide bemühen sich um die Aufmerksamkeit des Partners, die aber nicht in der erhofften Weise kommt. Beide versuchen, über den Umweg Leistung die ersehnte Zuwendung zu erhalten. Da diese nicht kommt, fühlen sich beide in ihrer (negativen) Überzeugung bestätigt, dass es das, was sie brauchen, für sie nicht gibt. Er zieht sich in seine Arbeit zurück und sie fängt an, das Haus mustergültig zu putzen. Beide warten auf die liebevollen, einfühlsamen und anerkennenden Blicke und Worte des anderen. Das Lebensthema von beiden rankt sich darum, dass sie von dieser Art der Zuwendung zu wenig bekommen haben.

Wie ich weiter oben schon andeutete, ist es nach meiner Erfahrung kein Zufall, dass beide Partner ein ähnliches Lebensthema aufweisen. Im Buch »Paare in Krisen« habe ich ausführlich dargelegt, dass Paare mit ihren Lebensthemen immer sehr nahe beieinanderliegen. Vermutlich, weil die Liebe Menschen zueinander führt, die in ihrem Kern ähnlich gestrickt sind.[2] Hier noch ein Beispiel.

Beispiel 5 - Peer und Silke

Silke schimpft über Peer: „Der denkt immer nur an sich selbst, es ist ihm zu viel, mir mal einen Gefallen zu tun … ich bin ihm wohl nicht wichtig genug." Das Kindheitsthema dahinter: Silke musste vermutlich auf vieles verzichten und hat daraus geschlossen, nicht wichtig zu sein. Und Peer beschwert sich: „Noch eine Aufgabe und noch eine und noch eine, nie kommen wir mal zur Ruhe." Und wenn ich (als Paartherapeut) ihn frage: „Was denken Sie dabei über sich selbst?", kommt als Antwort: „Na ja, ich bin hier nur zur Dekoration da. Es geht offenbar nicht um mich." Das Kindheitsthema ist bei Peer ähnlich: Hier hat auch einer gelernt, immer wieder auszuhalten und mitzuspielen, auch wenn es nicht um ihn ging.

Beide   haben   damals   nicht   genug   Spielraum,

---

2   Krätzig, R. (2016). Paare in Krisen. Navigationshilfe für schwieriges Gelände. Hamburg: BoD Verlag.

Aufmerksamkeit, Anerkennung, Wichtigkeit oder ähnliches bekommen und wollen nichts sehnlicher, als in ihrem jetzigen Zuhause etwas davon zu spüren. Wer soll es ihnen geben? Der Partner beziehungsweise die Partnerin! Und wer hat dazu gerade am wenigsten Lust? Der Partner beziehungsweise die Partnerin.

Interessant ist, dass die Partnerschaft (unbewusst) zum Nachfolger der Kinderstube geworden ist. Das, was man damals nicht bekommen hat, soll jetzt der Partner richten. Diese unselige Verquickung von Kindheit und Partnerschaft erreicht vor allem eines: Sie erzeugt Krisen!

Mal einen Streit mitschneiden

Wenn Sie das eigene Lebensthema und die damit verbundene Not noch nicht ahnen, hören Sie sich doch mal in einem Partnerkonflikt zu. Machen Sie direkt danach ein Protokoll, oder einigen sich mit Ihrem Gegenüber auf eine Tonaufnahme einer Streitsituation.[3] Sie könnten Ihr leidvolles Erleben aber auch - am besten direkt danach oder noch mittendrin - einer Freundin oder einem Freund erzählen. Ihr Gegenüber sollte versuchen, zentrale Aspekte Ihrer Aussagen mitzuschreiben oder das Gespräch aufzeichnen. Anschließend werten Sie gemeinsam aus.

Achten Sie bei der Auswertung darauf, sich nicht von den Details der Problemsituation ablenken zu lassen. Wir suchen das, was dahinter steckt. Das ist manchmal aus dem zu erschließen, was beiden am meisten vom Partner fehlt oder zu viel ist. Was werfen Sie einander vor? Welche Sätze sprechen Sie dabei immer wieder aus? Sollte noch keine

---

3   Fast jedes Mobiltelefon hat eine Aufnahmefunktion. Der Partner sollte aber einverstanden sein!

Klarheit entstehen, sammeln Sie noch mehr Details oder ziehen weitere Situationen hinzu.

Wer schon eine Ahnung hat, worum es beim eigenen Lebensthema geht, kann direkt mit Teil 3 - Der eigene Schlüssel, auf Seite 63 fortfahren. Hier folgen noch fünf weitere Möglichkeiten, dem Thema näher zu kommen.

Den Partner fragen

Bei Paaren, die sich schon eine Weile kennen und die auch ab und zu mit ein bisschen Distanz auf die eigene Beziehung schauen können, besteht ein einfacher Weg, um sich selbst auf die Spur zu kommen, darin, den Partner direkt zu befragen. Vor allem, wenn beide auch schon etwas über problematische alte Verhaltensmuster wissen, macht es Sinn, sich darüber auszutauschen, wie man einander in den Krisensituationen erlebt.

Wenn Sie Ihren Partner in die Suche nach Ihrem eigenen Lebensthema einbeziehen, sollten Sie aber darauf gefasst sein, Dinge zu hören, die genau diese alten Wunden berühren und dann dazu gehörige Verhaltensmuster auf den Plan rufen könnten. Vielleicht fühlen Sie sich plötzlich provoziert und werden sauer oder ähnliches. Man sollte diese Möglichkeit daher nicht als ersten Schritt wählen und vielleicht auch schon ein bisschen Übung im Erkennen und Unterbrechen von Gedanken und Gefühlen haben.

Auch wenn es Sie reizt, erzählen Sie Ihrem Partner nur etwas über dessen Lebensthema, wenn er Sie danach fragt - und selbst dann in aller Vorsicht. Andernfalls riskieren Sie einen Streit oder zumindest schlechte Laune.

Beispiel 5

Ein junger Mann hat den entscheidenden Tipp von seiner Partnerin bekommen. Sie meinte, sie könne es nicht mehr hören, wenn er immer wieder klagt, dass ihm keiner zuhört und keiner ihn ernst nimmt. Ihm wird klar, dass er auch in anderen Beziehungen immer dasselbe beklagt hatte. Er spricht seine Erkenntnis so aus: „Ich suche danach, ernst genommen zu werden. Vermutlich hatte ich davon zu wenig als Kind. Deswegen ist es mir wichtig, dass man mir zuhört. Schlecht geht es mir, wenn ich mal wieder das Gefühl habe, dass genau dies nicht geschieht und ich mich mal wieder vergeblich darum bemühe, ernst genommen und gehört zu werden."

Allgemeine Aussagen über das eigene Leben

Wenn Sie allgemein über Ihr Leben sprechen, berichten Sie damit mehr oder weniger direkt auch über *die Not, die hinter Ihrem Leben steckt.* Um zu einer allgemeinen Aussage über Ihr eigenes Leben zu kommen, müssen Sie aus einer gewissen Distanz auf sich blicken. Suchen Sie dann Antworten auf folgende Fragen:

- Was ist das, was in Ihrem Leben besonders *fehlt?* Mögliche Antwort: In meinem Leben gibt es zu wenig Ruhe, Entspannung, Wertschätzung, Wärme und so weiter. Hier bekommen wir schon gleich Hinweise auf die erwünschte Lösung. Die dahinterstehende Not muss dann noch erfragt werden.

- Was erleben Sie als *zu viel?* Mögliche Antwort: In meinem Leben gibt es immer zu viel Stress, Belastung, Streit, Leere, Hektik, Härte et cetera oder zu viel von „Ich bin immer schuld, ... der Dumme, ... der Verlierer" und so weiter. So erhalten wir wieder Hinweise auf die Not.

- Was ist das, was Sie Ihrer Mitwelt *geben wollen?* Mögliche

Antwort: „Ich höre allen zu." „Ich sorge für Gerechtigkeit."
„Ich bin der, der für alles die Verantwortung übernimmt."
„Ich schaffe für andere Räume, in denen sie sich wohlfühlen
können." Solche Berichte kann man auch als Aussage über
Mängel verstehen, denn nicht selten wird genau das gegeben,
was in der eigenen Geschichte fehlte (oder zu kurz kam ...).

- Was *brauchen* Sie von Ihrer Mitwelt? Mögliche Antwort:
„Ich will jedem gefallen, und dafür gehe ich über meine
Grenzen." „Ich will gehört werden." „Ich will dazugehören."
„Ich will Verlässlichkeit."

- Was hat Ihr aktuelles Verhalten und Empfinden *geprägt*?
Mögliche Antwort: „Ich bin mit viel zu wenig Anerkennung
für meine Leistung groß geworden und zeige daher allen
Menschen, was ich kann." „Es gab keinen Raum für meine
Entwicklung und daher halte ich es nicht aus, wenn es zu
eng ist." „Ich brauche immer Raum und Zeit für mich." „Ich
stand immer am Rand und werde auch heute immer wieder
weggedrängt."

- Was ist das, was Sie unbedingt *vermeiden* wollen? Mögliche
Antwort: „Ich will nicht, dass andere von mir abhängig sind."
„Ich will nicht manipuliert werden." „Ich mag keine Enge."
„Ich mag keine Überraschungen."

Fündig geworden? Dann können Sie direkt zu Teil 3 -
Der eigene Schlüssel, auf Seite 63 gehen und dort Ihre
Schlüsseltabelle füllen.

Schon wieder ... Sich wiederholende Probleme

Eine weitere Chance, das eigene Lebensthema zu
finden, bietet die Betrachtung sich wiederholender
Problemsituationen. Da, wo sich ähnliche Probleme immer
wieder ereignen, spielt mit Sicherheit das Lebensthema
eine Rolle. Kennen Sie es zum Beispiel, immer wieder in

die Rolle des Schuldigen zu geraten oder immer wieder das schwarze Schaf zu sein? Wendet sich Gutes bei Ihnen häufig zum Schlechten? Stehen Sie wiederholt mit leeren Händen da, werden oft als Einziger ausgeschlossen oder bekommen wichtige Informationen als Letzter? Wenn Sie so etwas in Ihrem Leben finden, greifen Sie eine solche Situation heraus und arbeiten damit weiter auf Seite 63.

Belastende Einzelereignisse

Auch der Blick auf ein einzelnes belastendes Ereignis führt Sie umso wahrscheinlicher auf Ihr Lebensthema, je höher die erlebte Belastung war. Die Ereignisse können aus der Gegenwart oder auch schon lange her sein. Die Erinnerungen dürfen aus allen Lebensphasen stammen und aus allen Lebensbereichen.

Erinnern Sie sich an das Ereignis und suchen Sie nach dem, was Sie darin als besondere Belastung erlebt haben. Fassen Sie das möglichst kurz in wenigen Worten zusammen, zum Beispiel: „Ich fühlte mich in dem Moment vollkommen allein." Durch so eine Formulierung wird die erlebte Not hervorgehoben. In diesem Fall ist es das Alleinsein, also die fehlende Präsenz oder Unterstützung anderer. Meist ist dies auch direkt das eigene Lebensthema.

Eigene Wünsche

Auch die eigenen Wünsche können als Informationsquelle dienen. Darin drücken wir aus, was uns im eigenen Leben fehlt und indirekt auch, was zu viel ist. Wer sich Urlaub wünscht, hat in seinem Alltag zu wenig oder zu viel von dem, was er im Urlaub findet. Also zum Beispiel zu wenig Ruhe, zu wenig Zeit, zu viele Anforderungen et cetera.

- Wenn Sie drei Wünsche frei hätten, was würden Sie damit in Ihrem Leben verändern?
- In eine ähnliche Richtung geht die Frage danach, was Sie machen, wenn Sie im Lotto gewinnen würden. Wie sähe dann Ihr Leben aus?
- Formulieren Sie, was Sie sich von Ihrem Partner wünschen. Was fehlt Ihnen in Ihrer Beziehung am dringendsten?
- Auch Wünsche, die sich nur auf Teilaspekte Ihres Lebens richten, sind ergiebig: Beschreiben Sie Ihren idealen Arbeitsplatz, Ihre ideale Familie, ideale Wohnsituation et cetera. Welche Umstände kommen hinzu oder fallen weg? Was ist Ihnen besonders wichtig? Was würde Ihnen besonders gut tun?
- Was wünschen Sie sich für einen idealen Urlaub? Welche Qualität des Seins finden Sie dort?

Lassen Sie sich nicht von den Inhalten der Wünsche verführen, sondern fragen Sie sich, was dahinter steht. Die Frage: „Wofür brauche ich diese Wunscherfüllung?" führt in die richtige Richtung. Mal wird es direkt ausgesprochen, an anderen Stellen zeigt es sich in der Umkehrung beziehungsweise Negation. Manchmal muss man auch ein bisschen suchen.

- „Ich wünsche mir das neue Auto, weil ich dann mitreden kann mit den Kollegen." Hier geht es offensichtlich nicht um das Auto, sondern darum, anderen auf Augenhöhe zu begegnen. Die Not besteht also darin, sich nicht auf Augenhöhe zu fühlen, weniger wichtig oder weniger wert zu sein.
- „Ich wünsche mir ein neues Handy, weil ich dann nicht das Geprahle der anderen ertragen muss." Auch hier ist das Handy nur ein Mittel zum Zweck. Vielleicht dafür, sich wichtiger zu fühlen, mehr wert zu sein oder ähnliches.
- „Ich wünsche mir, meinen beruflichen Stillstand endlich zu

überwinden, weil ich mich unter Wert verkaufe. Ich kann mehr, kann es aber nicht zeigen." Hier will einer gesehen werden in dem, was er kann. Der benannte berufliche Stillstand könnte auch ein Hinweis darauf sein, dass er gelernt hat, auszuhalten und eigenen Impulsen nicht zu folgen. Vielleicht weil er darauf wartet, dass ihn ein anderer herausfordert. Bei letzterer Konstellation wäre die Not dann, ewig auf Veränderungen zu warten.

- „Ich wünsche mir, dreißig Kilo weniger zu wiegen, weil ich mich dann gleichwertiger fühle." Hier scheint das Thema die erwünschte Gleichwertigkeit zu sein und das Abnehmen ein Mittel dahin.

Wenn mehrere Personen den gleichen Wunsch äußern, können dahinter sehr verschiedene Gründe stehen. Auch wenn alle sagen, dass sie sich wünschen, dreißig Kilo weniger zu wiegen, will jeder etwas anderes damit erreichen:

- … weil ich dann gesünder lebe und weniger Angst haben muss auszufallen.
- … weil ich mich dann weniger abhängig von anderen fühle.
- … weil dann keiner mehr über mich redet.
- … weil ich mich selbst dann mehr mag.

DAS LEBENSTHEMA DES PARTNERS

Für den Erhalt des Friedens im Miteinander eines Paares ist es ausgesprochen hilfreich, das Lebensthema des eigenen Partners zu kennen. Wie ich oben schon ausgeführt hatte, ist die Wahrscheinlichkeit sehr groß, dass das Lebensthema des anderen dem eigenen sehr ähnlich ist. Ist ein Partner auf der Suche nach Anerkennung, ist der andere vermutlich in ähnlicher Weise unterwegs. Dieses Wissen allein reicht aber nicht. Man muss schon etwas genauer hinschauen, um auch zu erkennen, welches Geschehen den Partner in die unpassenden Verhaltensmuster hineinstürzen lässt, die um das Lebensthema herum in der Kindheit entwickelt worden waren. Die Frage ist, welches die Trigger sind, auf die der Partner in besonderer Weise negativ reagiert. Diese sollte man dann möglichst vermeiden, weil sie mit großer Sicherheit Stress und Spannungen auslösen.

Wenn der Partner zum Beispiel immer an die Decke geht, wenn man ihm sagt, dass er schon wieder etwas nicht geschafft hat, sollte man ihm das nie mehr sagen, sondern andere Wege finden, die eigenen Bedürfnisse und Grenzen auszudrücken. Statt: „Du hast wieder nur den halben Einkauf weggeräumt", heißt es zukünftig: „Kannst du bitte den Rest vom Einkauf noch wegräumen?" Und bitte vermeiden Sie jeden Unterton, der als Vorwurf verstanden werden könnte.

Wenn man etwas über das Lebensthema des Partners weiß, hat man damit auch die Chance, den anderen in gewissem Rahmen zu manipulieren. Denn immer dann, wenn man das Lebensthema einer Person in positiver Weise beantwortet - dieser Person also das gibt, wonach sie sich immer sehnte - verleiht man diesem Menschen ein gutes Gefühl und er ist vermutlich in ganz anderer Weise dafür offen, sich auch mit anderen Themen auseinander zu setzen. Will ich etwas von meinem Partner, hilft es, ihm etwas zu schenken, dem er sich nicht entziehen kann.

Beispiel:

In einer paartherapeutischen Sitzung wird deutlich, dass sich Angela in der Beziehung mit Dirk immer wieder sehr eingeengt fühlt. Schnell ist klar, dass das etwas mit ihrer Geschichte zu tun hat, mit überstrengen Eltern, die ihr nie hinreichend Freiräume erlaubten. Wenn Dirk seine Angela friedlich stimmen will, muss er - gleich um welche Thematik es gerade geht - Angela nur sagen, dass sie sich ganz frei fühlen darf. Zum Beispiel: „Ich würde mir wünschen, dass du mich bei dem Besuch meiner Familie begleitest. Aber bitte fühl dich ganz frei, wenn du nicht möchtest, fahre ich eben allein."

Viele erwarten von ihrem Beziehungspartner, dass er oder sie all das bereitstellt, was im Leben fehlt und was man zu seinem Glück braucht. Ich halte diese Annahme für grundsätzlich falsch und formuliere die Aufforderung, dass jeder für die Auflösung des eigenen Lebensthemas selber zuständig ist. Schön, wenn der eigene Partner etwas dazu geben kann, aber es ist nicht seine Aufgabe. Das, was einem die Eltern nicht mit auf den Weg gegeben haben, muss man sich auf anderem Wege suchen. Es dem Partner überzustülpen, würde diesen vollkommen überfordern und wäre vermutlich der Anfang vom Ende der Partnerschaft.

Wie löst man nun das eigene Lebensthema, wie holt man das in das eigene Leben, was schon so lange fehlt? Das erfahren Sie im folgenden Abschnitt.

TEIL 3 - DER EIGENE SCHLÜSSEL

Nachdem Sie Ihr Lebensthema inzwischen kennen oder zumindest ahnen, in welche Richtung es geht, werden wir jetzt die positive Antwort darauf finden. Denn das ist der Schlüssel zur Psyche: eine positive Antwort auf das eigene Lebensthema. Das, was seit Ihrer Kindheit noch als Folge von Belastungen in Ihrem Leben »herum geistert« wird jetzt aufgelöst. Aber vor allem brauchen wir den Schlüssel zur Psyche als weiteres Hilfsmittel zur Befriedung Ihrer Partnerschaft. Während die Feel-Free-Technik (FFT, wurde im ersten Band dieser Buchreihe vermittelt) das Mittel der Wahl während und <u>nach</u> einem Konflikt ist - um sich damit aus belasteten Gefühlen herauszuholen - dient der Schlüssel zur Psyche dazu, problematischen Begegnungen <u>vorzubeugen</u>. Manche ahnen vermutlich schon - und hier und da habe ich es auch schon angedeutet - warum das funktioniert: weil der Schlüssel zur Psyche eine positive Antwort auf die Grundnot eines Menschen ist. Weil die Not schon so lange anhält, reicht es nicht, den Schlüssel zur Psyche nur ein einziges Mal anzuwenden. Er muss über einen längeren Zeitraum immer wieder angewendet werden, um seine positive Wirkung vollständig entfalten zu können. Deshalb werden wir uns auch noch in einem ganzen Kapitel damit beschäftigen, wie man so etwas gestalten kann. Jetzt geht es erst einmal darum, den eigenen Schlüssel zu finden.

HILFSMITTEL: DIE SCHLÜSSELTABELLE

Ich empfehle, mit schriftlichen Notizen zu arbeiten. Ich biete Ihnen dazu eine Vorlage, die Sie am Ende eines (gedruckten) Buches finden und auch aus dem Internet herunterladen können. Zu finden auf meiner Webseite: www.reinhardt-kraetzig.de, bei den Ausführungen zu diesem Buch. Auf den folgenden Seiten werde ich Sie dabei unterstützen, die fünf Zeilen Ihrer eigenen Schlüsseltabelle zu füllen.

Die eigene Schlüsseltabelle

Nutzen Sie die Vorlage oder zeichnen Sie eine Tabelle auf ein Blatt Papier. Wir brauchen fünf Zeilen, in die etwas Text passen soll und zwei Spalten. In der ersten Spalte steht, was jeweils in die Zeile eingetragen werden soll.

1. Belastung (Überschrift)

2. Erlebte Not (=Lebensthema)

3. Dabei erlebte Gefühle und der Grad der emotionalen Belastung (Belastungsskala)

4. Lösung

5. Lösungsgefühle und der Grad der Entlastung (Positivskala)

Belastung (Überschrift)	
Erlebte Not (=Lebensthema)	
Dabei erlebte Gefühle Grad der Belastung (Belastungsskala)	
Lösung	
Lösungsgefühl Grad der Entlastung (Positivskala)	

Tabelle 2: Die eigene Schlüsseltabelle, leer

Nach dem Durcharbeiten des letzten Abschnitts gibt es in der Schlüsseltabelle sicher das eine oder andere Feld, in das Sie bereits etwas eintragen können. Die einen haben eine typische Belastungssituation, andere können die dabei erlebte Not formulieren. Vermutlich können viele auch schon benennen, welche belastenden Gefühle sie dabei erleben.

Sollten Sie an dieser Stelle noch keine Ahnung über Ihr Lebensthema haben, machen Sie - auf gut Glück - mit einer Erinnerung an eine beliebige problematische Situation weiter, meist ist darin Ihr Lebensthema zumindest berührt. Kramen Sie in Ihren Erinnerungen und finden Sie eine

Szene, in der Sie innerlich sehr belastet waren. Gehen Sie mit dieser Erinnerung im Hinterkopf die folgenden Punkte durch und füllen Stück für Stück Ihre Schlüsseltabelle aus.

1. Zeile - Belastungssituation

Ganz gleich, ob Sie den letzten Paarkonflikt vor Augen haben, andere sich wiederholende Problemsituationen oder eine einzelne Belastungssituation, die schon lange zurückliegt. Geben Sie der Situation jetzt eine Überschrift und tragen Sie diese in Ihre Liste in die erste Spalte ein. Auch wenn Sie eine komplexe Szene vor Ihrem inneren Auge sehen, reduzieren Sie das Ganze auf wenige Worte. Zum Beispiel steht dann da: Geburtstagsdrama, Ausflug zu dritt, Kinderübergabe, Sommerurlaub. Sie können hier nichts falsch machen. Entscheidend ist nur, dass Sie selbst wissen, welche Situation damit gemeint ist.

Wenn Sie sich dem eigenen Thema über einen anderen Weg, zum Beispiel über die eigenen Wünsche, genähert haben, müssen Sie jetzt eine typische Belastungssituation finden. Wer sich zum Beispiel wünscht, endlich mehr in der eigenen Leistung gesehen zu werden, sucht nach einer Situation, in der das mal wieder nicht der Fall war. Dieser Situation geben Sie dann einen Titel und tragen ihn in die erste Zeile ein.

2. Zeile - Erlebte Not (=Lebensthema)

In der zweiten Zeile geht es um die Frage, was Sie in der Situation als besonders belastend erlebt haben. Was fehlte oder war zu viel, zu wenig oder falsch oder auf andere Weise nicht stimmig? Wenn Sie komplexe Umstände vor Augen haben, Entwicklungen über Stunden oder Tage, dann fragen Sie sich: Was war (oder ist noch) das am meisten Belastende?

Vielleicht gibt es einen Kern, ein zentrales Geschehen, einen Satz, eine Handlung, die für Sie in den Vordergrund rückt, wenn Sie einen Moment auf das Ganze schauen. Diesen Kern erkennen Sie daran, dass es das ist, was die größte innere Belastung erzeugt. Wichtig! Achten Sie auf eine ausreichende innere Distanz zu den Gefühlen. Lassen Sie sich nicht davon ergreifen. Wenn Sie erst einmal für ein paar Stunden weinen müssen, war die Distanz zu gering und Sie sind kaum in der Lage, den nächsten Schritt zu tun. Für Ihr Vorhaben reicht es, eine Ahnung der belastenden Gefühle zu haben.

Halten Sie Distanz und lassen Sie sich nicht von den Gefühlen mitreißen!

Sorgen Sie für so viel Distanz, dass Sie ohne Mühe wieder aus dem belastenden Erleben heraus können. Für Ihre Suche nach dem Schlüssel zur Psyche brauchen Sie nur einen Eindruck von den Gefühlen, die sich in Ihnen abgespielt haben. Wenn diese sich jetzt in Ihnen ausbreiten, halten Sie sie klein.

Beispiel:

Für Heike ist das Problem, mit dem sie sich auseinandersetzen möchte, dass der Partner ihren Geburtstag vergessen hatte. Für Heike war allein diese Tatsache schon belastend, aber entsetzt und traurig wurde sie, als sie danach von ihrem Partner auch noch angeschrien wurde. Er meinte, dass sie doch selbst schuld sei, sie hätte ihm doch nur rechtzeitig Bescheid sagen sollen. In die erste Zeile ihrer Lösungstabelle hat sie eingetragen: „Er vergisst meinen Geburtstag und schreit mich auch noch an." An seinem Verhalten verletzt sie vor allem, dass sie ihm offenbar nicht wichtig ist - so übersetzt sie sich jedenfalls sein Verhalten. Sie fühlt sich nicht ernst genommen. In die zweite Zeile der Lösungstabelle schreibt sie: „Ich bin ihm nicht wichtig."

3. Zeile - Erlebte Gefühle & Grad der Belastung

Fragen Sie sich jetzt, welche Gefühle das eben herausgearbeitete, am meisten belastende Moment der Problemsituation bei Ihnen auslöst. Es können durchaus mehrere Gefühle oder eine Gefühlsmischung auftauchen: Ärger, Enttäuschung, Traurigkeit, Verbitterung, Verzweiflung, Erschöpfung et cetera. Auch wenn Sie Gefühllosigkeit erleben, sollten Sie das benennen. Schreiben Sie Ihr Gefühl in die zweite Spalte.

Sollte es Ihnen schwerfallen, ein Gefühl zu benennen, können Sie es auch umschreiben, etwa so: „Ich fühle mich wie aufgezogen, komme nicht zur Ruhe", „Ich fühle mich wie eine Bombe, die gleich hochgeht" oder „Ich bin völlig fertig, als wäre eine Dampfwalze über mich gefahren." Manchmal ist auch ein Körpererleben erinnerbar, wie zum Beispiel: „Als ob ein schwerer Stein auf meiner Brust liegt" oder „Als hätte mir einer einen Knüppel über den Kopf gezogen." Dieses können Sie ebenfalls anstelle eines Gefühls aufschreiben. Auch hier können Sie nichts falsch machen, es kommt vor allem darauf an, dass Sie nachspüren können, wie sich das anfühlte.

Belastungsskala

Wer den ersten Teil von »Paar sein und bleiben« gelesen hat, weiß bereits, was eine Belastungsskala ist. Damit meine ich Ihre ganz persönliche Einschätzung der Intensität Ihres Erlebens. Ich empfehle eine Belastungsskala von 0-10, auf der die 0 dafür steht, dass Sie keine Gefühlsbelastung erleben und die 10 für die höchste Belastung, die Sie sich vorstellen können. Schätzen Sie die Intensität des Gefühls ein und schreiben Sie die Zahl ebenfalls in die dritte Zeile. Wenn die Gefühlsintensität schwankt, können Sie auch eine Bandbreite aufschreiben, zum Beispiel: »3 - 5«. Sollten mehrere Gefühle in Spalte zwei stehen, bewerten Sie entweder jedes einzeln oder die gesamte Gefühlsmischung zusammen.

Lassen Sie sich nicht zu sehr von den Gefühlen ergreifen, eine Ahnung von den beteiligten Gefühlen reicht.

***

Bei den meisten sind jetzt vermutlich die ersten drei Zeilen der Schlüsseltabelle ausgefüllt und sie können sich daran machen, die unteren Zeilen zu füllen. Bevor wir uns dieser Aufgabe widmen, biete ich für alle, die jetzt noch wenig in der Hand haben, eine zusätzliche Hilfe an, um weiter zu kommen. Das Einzige, was Sie als Ausgangspunkt brauchen, ist eine belastende Situation.

Zusätzliche Hilfe: Liste zur Selbstbefragung

Wenn Sie Probleme damit haben, die Belastungssituation genau genug zu erfassen, empfehle ich Ihnen, die Liste zur Selbstbefragung zu nutzen. Sie dient nur als Zwischenstufe, sollten Sie beim Bearbeiten auf die eine oder andere Frage keine Antwort finden, lassen Sie die Zeile aus. Ich demonstriere die Liste anhand eines Beispiels.

Beispiel 7: Ludger, Familienausflug

Auf eine allgemeine Aussage über sein Leben angesprochen, sagt der Familienvater Ludger: „Ich bin immer für alle da." Als treffendes Beispiel nennt er einen Familienausflug, zu dem er sich hatte überreden lassen. Die anderen - seine Partnerin und die zwei

Kinder - hatten begeistert beschlossen, zu einem fernen Ziel zu wollen, und er sollte sie hinfahren. Er ahnte zwar, dass es für ihn in einer Überforderung enden würde, weil er eine anstrengende Arbeitswoche hinter sich hatte, aber er wollte die anderen nicht enttäuschen. Wie befürchtet, war er am Schluss vollkommen erschöpft, und der Ausflug endete in einem massiven Familienstreit. Eine Reihe von Fragen hilft Ludger, sich besser zu erinnern.

Beispiel Ludger - Fragen zur Problemsituation

Fragen	Antworten
Was waren die Umstände der Situation?	Die Autofahrt hat zu lange gedauert. Ich war erschöpft, wollte endlich ankommen. Ich war dadurch unwirsch und leicht aggressiv.
Was war mein Erleben?	Mir war alles zu viel. Ich wollte, dass es aufhört.
Was habe ich über mich selbst gedacht?	Ich war sauer auf mich selbst, weil ich mich darauf eingelassen hatte. Ich hätte Nein sagen müssen.
Was habe ich über andere Menschen gedacht?	Alle wollen immer was von mir, keiner ist für mich da. Ich mache mich tot, und die anderen profitieren. Ich finde das ungerecht.
Mit welchem Mittel versuchte ich die Situation zu lösen?	Durchhalten, weitermachen und nichts sagen.
Was habe ich als Scheitern erlebt?	Dass meine Anstrengungen vergeblich sind.
Wie sieht die Stimmung aus, die nach dem Scheitern entstand?	Niedergeschlagen, verzweifelt und aggressiv.
Was ist zu viel?	Dass ich alles alleine mache.

| Was hat gefehlt? | Alle machen mit, keiner bietet Hilfe an. |
| Warum fehlte es? | Weil keiner etwas gemerkt hat. |

Tabelle 4: Beispiel Ludger, Fragen zur Problemsituation

In den Antworten auf diese (oder ähnliche) Fragen stecken die gesuchten Informationen über das Lebensthema und die dazu gehörige Not. Erkennen Sie es bei Ludger? In der Mitte („keiner ist für mich da") und den letzten beiden Zeilen wird die Not benannt: Keiner merkt, wie er sich anstrengt und dass er Hilfe braucht. Sein bisheriger Weg, damit klarzukommen, steckt in den ersten Antworten: Er hält durch und versucht, die Anforderung allein zu bewältigen. Dabei überfordert er sich aber und erlebt, dass sein Bemühen, gesehen zu werden, vergeblich ist. Sein Lebensthema ist entstanden, weil er nicht genügend wahrgenommen wurde.

Die ersten drei Zeilen der Schlüsseltabelle sind mit den bisherigen Informationen leicht zu füllen und sehen bei Ludger so aus:

Beispiel Ludger - Schlüsseltabelle

Typische Belastungssituation	Ich bemühe mich, gehe über meine Grenzen, und keiner merkt etwas davon.
Erlebte Not	Ich bin allein, keiner fühlt mit mir mit. Ich werde nicht gesehen.
Dabei erlebte Gefühle	Niedergeschlagen, verzweifelt und aggressiv. Alles ist vergeblich.
Grad der Belastung -Belastungs- skala	6- 8

Tabelle 5: Beispiel Ludger, Schlüsseltabelle, Teil 1

Um dieses Beispiel nicht über so viele Seiten zu ziehen, greifen wir vor und füllen auch schon die letzten beiden Zeilen der Schlüsseltabelle. Die Lösung lässt sich aus dem Benannten schon erahnen. Vermutlich fehlt Ludger, dass jemand wahrnimmt, was er leistet. Nach seiner Wunschlösung befragt, bestätigt er diese Annahme. Er kann sich auch sofort an Situationen erinnern, in denen er erlebt hatte, dass jemand sensibel seine Leistung bemerkte, sich nach seiner Befindlichkeit erkundigte und Hilfe anbot. Sofort erlebte er sein Tun nicht mehr als vergeblich, und seine Stimmung drehte sich komplett in eine positive Richtung. Hier ist die zweite Hälfte seiner Schlüsseltabelle:

Lösung	Jemand merkt, wie es mir geht und bietet mir seine Hilfe an.
Lösungsgefühl Grad der Ent- lastung - Positivskala	Ich fühle mich gesehen, kann loslassen und mich entspannen, alles ist gut. 5- 6

Tabelle 6: Beispiel Ludger, Schlüsseltabelle, Teil 2

Eine leere Liste zur Selbstbefragung finden Sie am Ende des Buches und im Internet auf der Webseite des Verfassers: www.reinhardt-kraetzig.de, auf den Seiten zu diesem Buch. Ich schlage vor, dass Sie sich jetzt ein paar Minuten Zeit nehmen und die Fragen zur Problemsituation beantworten. Wie bereits gesagt, dürfen Sie auch Zeilen einfach auslassen, zu denen Ihnen nichts einfällt.

Mit Hilfe der Fragen auf dieser Liste sollten die ersten drei Zeilen der Schlüsseltabelle keine Probleme mehr bereiten.

4. Zeile - Was fehlt? Die Last auflösen!

Jetzt geht es um die letzten beiden Zeilen Ihrer Schlüsseltabelle. Bisher hatten wir vorbereitend gearbeitet. Jetzt kommt der wichtigste Schritt: Wir suchen nach etwas, das Ihnen damals, in der ausgewählten Problemsituation, aus dem belastenden Gefühl herausgeholfen hätte. Hier ist Ihre Fantasie gefragt, Sie dürfen Wünsche äußern. Stellen Sie sich vor, die Situation wäre anders verlaufen. So, dass nie ein Problem entstanden wäre. Was hätte sich anders abspielen müssen, was hätte hinzukommen oder wegfallen müssen? Was hätte geschehen müssen, damit das belastende Erleben nie eingetreten wäre oder sich sofort aufgelöst hätte? Viele Menschen haben darauf sofort eine Antwort parat. Sie wissen einfach, was Sie gebraucht hätten. Schreiben Sie Ihre Antwort in die vierte Zeile.

Gestatten Sie sich jede Antwort, ganz gleich, ob das, was Ihnen gerade einfällt, möglich ist oder nicht. Lassen Sie sich nicht von Ihrem Verstand bremsen. Vielleicht fällt Ihnen eine Situation ein, in der genau das passiert war, was Ihnen auch jetzt helfen würde. Fällt Ihnen nichts ein, erfinden Sie etwas. Benutzen Sie Ihre Fantasie, lassen Sie ihr freien Lauf. Bleiben Sie dabei in Kontakt mit dem belastenden Gefühl, suchen Sie nach etwas, das Ihnen aus diesem Gefühl heraushelfen könnte.

Bei vielen hat die Antwort etwas damit zu tun, dass sie von einem anderen Menschen eine bestimmte Art von Zuwendung, Aufmerksamkeit, Begleitung oder Schutz bekommen. Lassen Sie Ihre Fantasie auch in diese Richtung kreisen.

Beispiel 8

Im Beispiel mit Heike und dem vom Partner vergessenen

Geburtstag weiß die Betroffene sofort, was sie gebraucht hätte. Der Partner hätte seinen Fehler eingestehen, sich sofort entschuldigen und auch offen dafür sein sollen, dass sie verletzt ist. Noch lieber wäre es Heike aber gewesen, dass ihr Partner den Geburtstag nicht vergessen hätte. Vor allem ist ihr wichtig, von ihm ernst genommen zu werden. Hier sehen wir die von ihr ausgefüllte Lösungstabelle.

Lösungstabelle Beispiel 8

Problem	„Er hat meinen Geburtstag vergessen und schreit mich auch noch an."
Belastung	„Ich bin ihm nicht wichtig."
Durch die Belastung ausgelöstes Gefühl	„Ich bin vollkommen entsetzt und traurig."
Grad der Belastung	Belastung: 6- 7
Lösung	„Er bemerkt mein Entsetzen, nimmt mein Gefühl ernst und gibt seinen Fehler zu."

Tabelle 8: Lösungstabelle, Beispiel Heike

Auch wenn der Partner vielleicht noch nie einen Fehler zugeben konnte, sollte dieser Wunsch dennoch zugelassen werden, wenn er da ist. Selbst wenn überhaupt nicht vorstellbar ist, dass der Partner das jemals tun würde, muss der Wunsch beziehungsweise das Bedürfnis formuliert werden. Man könnte sich sagen: „Auch wenn er das nicht kann, hätte ich es dennoch gebraucht, dass ich ernst genommen werde und er seinen Fehler einsieht."

Nicht das äußere Problem lösen, sondern das Leid

Wir suchen keine Lösung des äußeren Problemablaufs,

sondern etwas, was aus dem belastenden Erleben heraushilft. Im Beispiel mit Heike findet diese zu dem Wunsch, dass der Partner mitbekommt, was er angerichtet hat, seinen Fehler einsieht und sich für sein Fehlverhalten entschuldigt. Anregungen, wie Heike zukünftig dafür sorgen könnte, dass ihr Partner ihren Geburtstag nicht mehr vergisst, interessieren hier nicht.

Lassen Sie sich nicht vom äußeren Problemgeschehen ablenken, sondern bleiben Sie bei Ihrem Erleben und suchen Sie darauf eine positive, entlastende Antwort. Sollten Sie eine Idee haben, testen Sie diese aus, indem Sie sich ausmalen, wie es wäre, wenn dieser Gedanke Realität werden würde. Denn Sie brauchen eine Lösung, die mehr ist als nur ein Gedanke. Sie brauchen ein Gefühl - je positiver und je spürbarer, umso besser.

Eine Lösung für eine andere Person zu finden, fällt manchmal leichter

Wenn Sie für sich selbst keine Lösung finden können, stellen Sie sich vor, ein (Ihr) Kind, Ihre beste Freundin, Ihr bester Freund oder Ihr Partner würde das erleiden müssen, was Sie in der Situation erlitten haben. Was würden Sie den Betroffenen als Lösung anbieten wollen? Meist will man das geben, was man selbst in so einem Moment braucht.

Manchem hilft es, sich vorzustellen, noch ein Kind zu sein, welches diese Not gerade erleidet. Was hätten Sie als Kind gebraucht, um aus der Not herauszukommen? Oder stellen Sie sich vor, Sie begegnen als erwachsene Person genau diesem leidenden Kind. Was würden Sie für dieses Kind tun, wie würden Sie es »retten«?

Der einzige Fehler, den Sie bei der Suche nach einer Lösung machen können, wäre, alles *theoretisch*, also mit rationalem

Verstand und Logik, herausarbeiten zu wollen. Um das zu vermeiden, sollten Sie nahe an der Problemsituation und dem dabei erlebten belastenden Gefühl bleiben und für dieses konkrete Geschehen einen Weg finden, aus dem negativen Erleben herauszufinden. Nähern Sie sich dafür ein wenig an das belastende Gefühl an, ohne darin zu sehr einzutauchen.

VON DER LÖSUNGSIDEE ZUM SCHLÜSSEL

Im jetzt folgenden Schritt muss die gefundene Lösung von einer Idee zu einer erlebten Erfahrung werden. Um etwas in Ihrem Leben zu verändern, reichen richtige und vielleicht neue Gedanken nicht aus - Sie brauchen dazu neue Erfahrungen, also ein Gemenge aus Gedanken und Gefühlen. Erst wenn mit den Gedanken an die Lösung auch ein positives Gefühl einhergeht, bekommt sie die Kraft, die wir brauchen, um sie als Schlüssel zu verwenden. Das gute Gefühl, das durch die Lösungssituation hervorgerufen wird, ist wesentlich. Die Lösung muss erlebt werden, erst dann kommen Sie ans Ziel. Dafür müssen Sie für einen Moment konzentriert in die Szene einsteigen und dann nachspüren, was das in Ihnen auslöst.

Die Übung ist erst komplett, wenn die guten Gefühle körperlich spürbar sind. Je stärker Sie innerlich in Bewegung kommen, umso besser. Damit dieses Ziel erreichbar wird, müssen Sie die Lösungsidee lebendig werden lassen. So, als würden Sie ein Drehbuch in einen Film verwandeln. Manchen fällt es leicht, sich vorzustellen, wie sich eine positive Wendung anfühlen würde und dazu auch gleich intensive positive Gefühle zu erleben. Viele brauchen aber zusätzliche Unterstützung dabei.

Erinnern

Am leichtesten gelingt es, wenn Sie das, was Sie sich als Lösung wünschen (beziehungsweise gewünscht hätten), schon irgendwann erlebt haben. Dann brauchen Sie sich nur an diese Situationen erinnern und daran, wie Sie sich dabei gefühlt hatten. Im Beispiel mit dem vergessenen Geburtstag konnte sich Heike zwar nicht daran erinnern, dass ihr Partner schon mal einen Fehler zugegeben hatte, aber dafür fiel ihr eine Situation ein, in der ein Bekannter sich ihr gegenüber so verhalten hatte, wie sie es sich von ihrem Partner gewünscht hätte. Er hatte eine Verabredung nicht eingehalten, sich aber sofort für seinen Fehler entschuldigt und sie als Wiedergutmachung zu einem ausgesucht guten Essen eingeladen. Diese Erinnerung rief in ihr sofort ein intensives gutes Gefühl hervor.

Haben Sie schon einmal erlebt, was Sie sich als Lösung für Ihr Lebensthema wünschen? Sollten sich mehrere solcher Erlebnisse finden, wählen Sie eines aus, bei dem Sie sich gut an die positive Wirkung erinnern können. Wenn Sie eine Erinnerung haben, nehmen Sie sich einen Moment Zeit, diese sehr genau zu studieren. Finden Sie heraus, was das Wesentliche an dieser Erfahrung war. Welche Umstände waren für den positiven Verlauf entscheidend? Dann fokussieren Sie sich genau auf diesen Kern und erinnern sich an Ihr Gefühl. Was haben Sie erlebt? Wo in Ihrem Körper hat dieses Erleben seinen Niederschlag gefunden? Bei diesem Wiedererleben werden Sie feststellen, dass Sie das Gefühl und die dazugehörenden Körperempfindungen auch in der Gegenwart spüren. Vielleicht nicht genauso intensiv wie damals, aber eine Ahnung davon sollte sich einstellen. Nehmen Sie sehr genau wahr, was Sie fühlen und empfinden - und genießen Sie es.

Beispiel 9

Schauen wir auf die Lösungstabelle aus einem anderen Beispiel. Hier ist eine junge Frau, nennen wir sie Susan, darüber entsetzt, dass ihre intensive Unterstützung für eine Jubiläumsfeier der Eltern von denen überhaupt nicht benannt wurde, während die halbherzige Unterstützung des Bruders deutlich gelobt wurde.

Wie sich aus der Eintragung in der Lösungsspalte ersehen lässt, heißt in diesem Fall die Aufgabe, in der eigenen Erinnerung nach Situationen zu suchen, in denen ein anderer *von allein* die eigene Leistung wahrgenommen und in einer positiven Weise reagiert hat. Dabei fällt Susan eine Oma ein, deren Besuche ihr in der Kindheit oft gut getan hatten. Sie war leider nur selten da, aber wenn, dann zeigte die Oma sich aufmerksam und hatte mehr als einmal ein Lob über den Fleiß des Mädchens ausgesprochen.

Lösungstabelle Beispiel 9 - Susan

Problem	„Jubiläum: Ich habe so viel gemacht und werde nicht erwähnt."
Belastung	„Meine Leistung wird nicht wahrgenommen."
Durch die Belastung ausgelöstes Gefühl	„Mischung aus: erschöpft, traurig und verzweifelt sein."
Grad der Belastung	Belastung: 7- 8
Lösung	„Jemand (Oma) sieht von allein, was ich tue und dankt mir dafür."

Tabelle 9: Lösungstabelle, Beispiel 9 – Susan

Als Susan anfängt, diese Erinnerung zu genießen, taucht kurz danach auch die Erinnerung an einen Arbeitskollegen auf, der ebenfalls aufmerksam ihre Leistung wahrgenommen und sogar eine Anerkennung ausgesprochen hatte. Beide Erinnerungen erfüllen die Anforderung, dass jemand von allein sieht, was sie tut und ihr dafür eine positive Rückkoppelung gibt. Damit berühren sie den Kern des Problems. Sie sind eine Antwort auf das in der Problemsituation empfundene Defizit. Darauf, dass ihr Bedürfnis nach würdigender Begleitung zu oft unerfüllt geblieben war.

Erfinden

Sollten Sie in Ihren Erinnerungen keine passenden Erfahrungen gefunden haben, dann müssen Sie wieder auf Ihre Vorstellungskraft zurückgreifen. Häufig findet man über diesen Weg später doch noch Zugang zu Erinnerungen. Erst durch das Spiel mit der Fantasie werden sie freigelegt.

Ist eine Fantasie aber nicht zu wenig? Wenn ich meinen Patienten die Aufgabe stelle, sich eine Wunschlösung für ihr Problem auszumalen, folgt darauf bei vielen zunächst eine abwertende Reaktion. Sie tun es ab als: „Das ist doch nur eine Fantasie." Sie haben das Gefühl, sich etwas vorzugaukeln.

Tatsächlich wirkt bei unserer Fragestellung eine Fantasie genauso wie eine echte Erfahrung. Denn selbst erschaffene Bilder werden von unserem Gehirn genauso verarbeitet wie reales Geschehen. Beides durchläuft die gleichen Arbeitsroutinen und wird als Erfahrung bewertet. Auch die belastende Situation ist ja inzwischen *nur* eine Erinnerung. Wir bilden im Kopf nicht die Wirklichkeit ab, sondern lediglich Aspekte davon, die gleichzeitig mit anderen Erinnerungen verbunden werden. Dennoch wirkt der Rückgriff darauf auch später beinahe so belastend wie eine reale Erfahrung.

Erfinden Sie also eine Wunschlösung für Ihr Problem und malen sich aus, dass diese Wunschlösung genauso eintritt, wie Sie es sich wünschen (oder gewünscht hätten). Falls das mit den real beteiligten Personen nicht vorstellbar ist, ersetzen Sie diese durch Personen, die das können. Vielleicht gibt es eine Freundin, einen Bekannten, eine Tante, einen Opa oder einen anderen Verwandten, den Sie sich gut in der gewünschten Rolle vorstellen können? Auch andere Personen aus Ihrer Geschichte können hilfreich sein: ein freundlicher Lehrer, eine liebevolle Kindergärtnerin, ein netter Kollege. Bei der Suche nach Helferpersonen können Sie auch auf Fantasiefiguren zurückgreifen. Dabei ist alles erlaubt. Wenn ein bestimmter Typ von Mensch besonders helfen würde, gestalten Sie die Person so, dass es sich gut anfühlt. Auch prominente Personen, Filmfiguren oder Fabelwesen kommen infrage. Wenn nur eine freundliche Fee helfen könnte, dann nehmen Sie eine freundliche Fee. Entscheidend ist nicht, *wer* zur Lösung des Problems auf die innere Bühne tritt. Wichtig ist allein, *was* diese Person hineinbringt und was das mit Ihnen macht, welches Gefühl es auslöst.

Eine Lösung zu erfinden ist also genauso gut, wie eine zu erinnern. Ich habe nur deshalb zuerst nach Erinnerungen gefragt, weil es der einfachere Weg ist, falls solche existieren. Eine reale Erinnerung enthält von vornherein viele Details und ist dadurch leichter vorstellbar. Aber eine gut konstruierte Fantasie wirkt genauso gut. Fühlen Sie sich also vollkommen frei, auf Ihre Fantasie zurückzugreifen, wenn Ihre Erinnerungen zu wenig hergeben.

Sehr gut lässt sich auch mit Kombinationen von Erinnerung und Fantasie arbeiten. Wenn eine Erinnerung unvollständig oder mit den falschen Personen besetzt ist, kann sie als Grundlage für eine Fantasie dienen. Sie kann mit fehlenden Personen oder Details ergänzt werden, an einen anderen Ort oder in eine andere Zeit verlegt oder auf sonstige Weise umgebaut werden. Was es nicht gibt, wird erfunden. Alles, was hilft, ist erlaubt. Damit Ihre Fantasie eine positive Wirkung entfalten kann, müssen Sie lediglich die Bereitschaft aufbringen, mit ihr wie mit einer echten Erfahrung umzugehen.

Was würde ich einem anderen anbieten

Sie können Ihre Fantasie auch anregen, indem Sie sich danach fragen, was Sie selbst einem anderen Menschen anbieten würden, der sich genauso fühlt wie Sie in Ihrer Problemsituation. Besonders hilfreich ist es, wenn Sie sich dabei einen sehr vertrauten Menschen vorstellen. Die meisten Eltern finden sofort eine Antwort, wenn sie sich ausmalen, dass ihr eigenes Kind ihr Leid teilen müsste. Spontan kommt eine Antwort wie: „Ich würde es sofort in den Arm nehmen, und wenn es sich ein bisschen beruhigt hat nachfragen, was geschehen ist." Diese Lösung, die man einem anderen anbieten würde, ist oft genau die, die man selbst bräuchte.

Was hätte in der Kindheit geholfen

Auch der Blick auf die eigene Kindheit kann helfen. Stellen Sie sich vor, Sie sind noch ein Kind und müssen die aktuelle Not erleiden. Was brauchen Sie am dringendsten? Das funktioniert aber nur, wenn Sie den *Kern* des Gegenwartsthemas betrachten und sich die Situation dem Alter des Kindes gemäß vorstellen. Was braucht ein Kind, wenn es sich vollkommen übersehen fühlt oder von seinem Vater angeschrien wird, weil der den Geburtstag vergessen hat? Ich denke, dass viele hier sofort einen Handlungsimpuls haben.

Positivskala

Auch das positive Erleben wird auf einer Skala bewertet, genau wie vorher die Belastung. Um die positive Bewertung von der Belastungsskala zu unterscheiden, nimmt man einen anderen Messbereich, zum Beispiel 1 bis 7. Dabei steht die 1 für eine geringe emotionale Verbesserung und die 7 für die höchste Intensität positiven Erlebens. Auch diese Skala ist subjektiv und dient nur der eigenen Orientierung. Sie kann auch dabei helfen, die Qualität der gefundenen Schlüsselszene zu beurteilen. Geht das positive Erleben nicht über eine von 2 bis 3 hinaus, fehlen möglicherweise noch Details in der Lösungsvorstellung.

Checken Sie auch bei den folgenden Übungen immer wieder die positive Intensität.

DEN SCHLÜSSEL ERLEBEN

Jetzt geht es darum, das positive Erleben noch weiter zu entfalten. Tauchen Sie dazu in Ihre Schlüsselerinnerung, Schlüsselfantasie oder Ihren Mix aus beidem ein, konzentrieren sich auf das positive Erleben und nehmen wahr, was darin für Sie besonders wichtig ist. Das Wissen über die Problemsituation ist noch da, aber im Hintergrund, denn die Problemsituation ist jetzt vorbei, und Sie erleben die Lösung. Ihre Psyche bekommt genau das, was vorher fehlte.

Gedanken

Machen Sie sich klar, welcher Umstand, welche Handlung, welches Geschehen, welche Worte, welche Geste et cetera jetzt wichtig sind und wie diese dazu beitragen, dass es Ihnen jetzt besser geht. Sprechen Sie es aus oder/und schreiben Sie es auf.

Falls noch etwas nachzubessern ist, scheuen Sie sich nicht davor, das einfach zu tun. Manchmal sind es Kleinigkeiten, die stören oder die noch fehlen. Vielleicht muss noch jemand hinzukommen, oder jemand muss aus dem Bild, damit Sie innerlich frei werden. Vielleicht muss die Person, die in der Fantasie als Retter bemüht wurde, noch zusätzliche Eigenschaften bekommen.

Gefühle

Wenn alles stimmt, merken Sie, dass sich in Ihnen etwas tut, Sie erleben eine Entlastung - für jeden etwas anders spürbar, aber in jedem Fall eindeutig positiv. Wenn dies so ist, nehmen Sie bewusst wahr, wie es Ihnen gerade geht.

Sollten Sie noch nichts dergleichen erleben, haben Sie sich vermutlich an irgendeiner Stelle »verlaufen« und etwas Wichtiges aus dem Fokus verloren. Gehen Sie in diesem Fall noch einmal zurück zum Anfang dieses Kapitels. Überprüfen Sie noch einmal, was an der Problemsituation für Sie das belastende Moment ist, welche Gefühle es auslöst und was Sie dazu als Auflösung brauchen.

Wenn ich einen neuen Patienten frage, wie es ihm gerade geht, höre ich oft die einfache Antwort: „Gut." Damit könnte ich mich zufriedengeben und mein Gegenüber lediglich auffordern, das Gute jetzt eine Weile zu genießen. Das Ganze wird aber deutlich effektiver, wenn wir das »Gut« weiter untersuchen. Zum Beispiel mit der Frage danach, wie sich dieses »Gut« denn anfühlt. „Geben Sie mir mehr Worte, mehr Details. Was macht Ihr Gefühl gerade so ‚gut'?"

Nach kurzem Überlegen haben die meisten kein Problem damit, differenziert zu berichten. „Es fühlt sich so leicht an." „Ich kriege besser Luft." „Mein Kopf ist frei." Ist noch kein Ort im Körper benannt, frage ich in jedem Fall, wo das gute Erleben im Körper zu finden ist.

Gefühle sind etwas sehr körperliches. Sie haben im Körper einen Ort, an dem sie zu spüren sind und an dem sie eine ganz spezifische Wirkung verbreiten. Das kann bei jedem anders sein: Bei dem einen kann sich der Bauch entspannter anfühlen und vielleicht warm werden. Bei einem anderen wird der Brustkorb weiter, und es fühlt sich an, als ob eine Last herunterfiele, das Atmen wird leichter. Wieder ein anderer spürt Entspannung in den Armen oder den Beinen, andere im Nacken, im Rücken oder auch im Kopf. Manche werden innerlich ruhig, andere erleben gerade umgekehrt eine Belebung als etwas sehr Positives. Dieses körperliche Erleben ist sehr individuell und seine Vielfalt ungeheuer groß.

Durch die Einbeziehung des Körpers in die bewusste Wahrnehmung wird das Gefühlserleben differenzierter und intensiver.

Die genannten Beispiele sind nur eine Anregung für Ihre eigene Wahrnehmung. Nehmen Sie bei der Suche nach den positiven Körperempfindungen vor allem die Bereiche in den Blick, in denen vorher die Belastung zu spüren war: der angespannte Bauch, der steife Nacken, die Kälte in den Armen, die Last auf der Brust et cetera. Nur wenn sich hier auch etwas ändert, ist die Lösung stimmig.

Körper

Bisher haben wir uns auf Gedanken und Gefühle

konzentriert. Diese finden natürlich auch im Körper statt, aber zusätzlich stellt sich jetzt noch die Aufgabe, Bewegungen und Haltungen zu finden, die zu dem Schlüsselerleben passen und es unterstützen. Wenn man sehr tief in der Person verankerte Verhaltensmuster verändern möchte - und das versuchen wir gerade -, müssen auch die Bewegung und die Haltung stimmig sein, damit die neue Erfahrung auch von der Psyche entsprechend gewertet wird. Wenn Sie mit zusammengesunkenem Oberkörper in Fantasien eintauchen, in denen Sie sich frei fühlen, haben diese Fantasien nur eine eingeschränkte Wirksamkeit. Weil sich diese Freiheit im Körper nicht abbildet. Die Aufgabe heißt also, genau zu spüren, welche Haltung und/oder Bewegung zu Ihrem Schlüsselerleben passt.

Das können Sie sich meistens nicht ausdenken, Sie müssen es ausprobieren. Spüren Sie in sich hinein, während Sie in Ihrem Schlüsselerleben sind und experimentieren Sie mit Haltungen und Bewegungen, Gestik und Mimik. Manchmal sagt es einem der Körper ganz einfach und direkt. Man spürt es in den Händen oder den Beinen, dem Rücken, den Schultern oder an anderer Stelle, wie sich diese Regionen bewegen wollen. Man muss es sich nur erlauben und dann einfach tun. Es geht nicht darum, ganz viele verschiedene Möglichkeiten zu finden, die alle irgendwie gut sind, sondern eine oder zwei auszuwählen, die am besten passen und die Ihr Erleben unterstützen und vielleicht noch vertiefen.

Wenn Sie gar keine Idee haben, greifen Sie auf die kleinen Techniken zurück. Die ersten finden Sie in Teil eins und 20 weitere in Teil vier. Einfach ausprobieren und die, die Ihnen besonders gut tun, nachher in das Schlüsselerleben integrieren.

Genießen

Bleiben Sie mit Ihrer Aufmerksamkeit in Kontakt mit dem positiven Erleben, spüren Sie die körperlichen und seelischen Wirkungen. Die einzige Aufgabe heißt:

„Genießen Sie das, was Sie gerade erleben und bleiben Sie für eine Weile dabei." Vielleicht hilft es Ihnen, die Augen dabei zu schließen.

Setzen Sie sich nicht unter Leistungsdruck. Es genügt, wenn Sie das positive Gefühl einige Momente oder wenige Minuten erleben können. Sollte das Gefühl aber schon nach wenigen Sekunden wieder abebben, gehen Sie in Gedanken wieder zurück zu der Erinnerung beziehungsweise Fantasie, in der die Lösung bereitgestellt wird. Stellen Sie sich vor, was dabei geschieht, und wie sich das für Sie anfühlt.

Eine erweiterte Aufforderung könnte heißen:

„Spüren Sie die positive Wirkung im Körper und stellen Sie sich vor, wie sich das Gefühl mit jedem Einatmen weiter im Körper ausbreitet."

Hier besteht aber die Gefahr, sich durch den Anspruch, es besser machen zu wollen oder zu müssen, innerlich unter Druck zu setzen. Daher ergänze ich immer:

„Machen Sie sich keinen Druck. So, wie es jetzt ist, ist es genau richtig! Sie müssen nichts tun, die Prozesse gestalten sich ganz von allein."

Festigen - Links-Rechts-Stimulation

Zum Abschluss der konzentrierten Beschäftigung mit dem positiven Erleben gehört eine kleine Technik, die sich in anderen Bereichen der Psychotherapie[4] sehr bewährt hat. Der Körper wird abwechselnd auf der linken und rechten Körperhälfte leicht beklopft. Dies regt das Gehirn in besonderer Weise an und führt zu einer Festigung der positiven Prozesse und oft auch zu einer Vertiefung des Erlebens.

Wenn Sie sitzen, können Sie dazu Ihre Hände auf den Oberschenkeln ablegen und abwechselnd leicht einmal auf den einen und danach leicht auf den anderen Oberschenkel klopfen. Wiederholen Sie das etwa zehn Mal für jede Seite. Das Tempo liegt ungefähr bei einem Klopfer pro Sekunde - es darf auch schneller oder langsamer sein. Geschieht durch das Klopfen eine Verbesserung Ihres Erlebens, machen Sie solange weiter, wie sich noch etwas zum Positiven verändert. Mit vermehrtem Klopfen lässt sich eine weitere Veränderung jedoch nicht erzwingen. Alternativ können Sie auch die Arme vor dem Körper überkreuzen und dann abwechselnd auf die eine und die andere Schulter beziehungsweise den Oberarm klopfen. Machen Sie das, was für Sie am angenehmsten ist. Die Wirkung ist in beiden Fällen gleich.

Überprüfen Sie hin und wieder die Intensität Ihres Erlebens auf der Positivskala (1-7). Nehmen wir an, Sie haben Ihr positives Erleben bei der Aufgabe, den Moment zu genießen, mit einer 2 bewertet, dann können Sie sich fragen, was Sie gerade davon abhält, zu einer 3 zu kommen. So eine Frage kann dazu anregen, sich noch mehr in das positive Erleben hineinfallen zu lassen. Machen Sie sich aber keinen Druck, bei jedem verläuft dieser Prozess anders.

---

4   Die Technik stammt aus der traumatherapeutischen Methode EMDR.

Test

Sie können die Wirkung des eben durchlaufenen Prozesses auch testen. Denken Sie dazu an die belastende Situation (Schlüsseltabelle - Zeile 1 und 2) und erinnern sich an das belastende Gefühl (Schlüsseltabelle - Zeile 3). Schätzen Sie jetzt erneut die Belastung auf der Skala von 0 bis 10 ein. Vergleichen Sie das Ergebnis mit der Zahl aus Ihrer Tabelle. Ist die Belastung weniger geworden? Meist gibt es eine deutliche Verbesserung, manchmal ist sogar überhaupt keine Belastung mehr festzustellen.

Sollte Ihre Belastung noch größer als 1 sein, ist es sinnvoll, die Übung mit dem eigenen Film zu wiederholen. Es besteht aber kein Grund zur Eile. Sie können auch noch den einen oder anderen Tag damit warten.

Sollten Sie eine Wiederholung brauchen, nehmen Sie sich dafür genug Zeit und achten ganz genau darauf, ob wirklich alles, was Ihr Gefühl als Antwort braucht, in der Lösungsszene enthalten ist. Erlauben Sie sich, Veränderungen vorzunehmen.

Sollte sich bei einem der Durchläufe ein anderes belastendes Gefühl zeigen, gehen Sie damit sorgfältig um. Es könnte sein, dass die vorher gefundene Lösung auch für diese Last dient. Probieren Sie es aus. Erleben Sie keine Auflösung der neu aufgetauchten Belastung, machen Sie mit ihr einen neuen Durchgang. Eröffnen Sie eine neue Tabelle, schreiben das neue Erleben in Zeile 2, taxieren die Belastung und suchen eine Lösung dafür. Durchforsten Sie Ihre Erinnerungen und gestalten Sie eine entsprechende Szene. Verbinden Sie erneut Belastung und Lösung zu einer Szenenfolge und finden jetzt zu einem guten Gefühl. Danach testen Sie abermals den Belastungsgrad.

MIT WIDERSTAND RECHNEN

Vielleicht fragen Sie sich, wo denn jetzt das Lebensthema geblieben ist. Einige haben ja nur mit einem Verdacht angefangen, die Tabellen zu füllen. Den Beweis, dass Sie Ihr Lebensthema richtig gewählt haben, haben Sie in Schritt 6 bekommen. Dann nämlich, als Sie die Lösung erprobt haben. Erzeugt diese Erprobung ein intensives Gefühl, können Sie sicher sein, dass Ihr Lebensthema zumindest berührt wurde. Bewegt Sie das Ganze kaum, sind Sie entweder auf einer falschen Fährte oder Ihre Psyche wehrt sich. Lesen Sie dann unbedingt den folgenden Abschnitt. Denn die unbewusste Psyche ist nicht automatisch an dem interessiert, was wir hier tun. Es kann sein, dass diese den Prozess deutlich behindert. Nicht aus böser Absicht, sondern aus Gewohnheit. So wie es bisher war, ist es für sie richtig und sie tut alles dafür, dass es auch so bleibt.

Nicht ablenken lassen

Viele Menschen sind überzeugt, dass ihre Psyche froh und dankbar über jede Form positiven Erlebens ist. Weit gefehlt. Wir sind Gewohnheitswesen. Wenn wir es gewohnt sind, mürrisch, bedrückt oder misstrauisch durchs Leben zu gehen, dann ist das für unsere Psyche normal. Eine positive Gestimmtheit ist dann eher Anlass für Irritation und löst innerlich Unruhe, vielleicht sogar Ängste aus. Die Abwehr fährt hoch und wird Ihnen das gute Gefühl blitzschnell miesmachen. In Ihrer Psyche gibt es also Instanzen, die sich dagegen wehren könnten, wenn Sie jetzt das Thema, das so lange fehlte, in Ihr Leben holen. Diese Seiten Ihrer Psyche sind daran gewöhnt, dass es fehlt, und sorgen dafür, dass das so bleibt: Und plötzlich zweifeln Sie an dem, was Sie tun. Ohne Übergang werden Sie skeptisch oder denken, dass anderes jetzt wichtiger wäre: „Ich muss *dem* doch erst mal beibringen, dass er im Unrecht ist, bevor *ich* mich jetzt beruhige", oder: „Das ist doch unrealistisch, sich eine schicke Fantasie herbeizuzaubern. Das nutzt doch gar nichts, die Realität ändert sich damit ja doch nicht", oder ähnlich. Lassen Sie sich davon nicht beeinflussen. Solche Gedanken tauchen am Anfang dieser Übung manchmal auf - schieben Sie sie weg.

Lassen Sie sich nicht von negativen Gedanken ablenken. Die sind oft nur Störmanöver Ihres Unbewussten, so etwas kommt hin und wieder vor. Sollten sich negative Gedanken oder Gefühle nicht wegschieben lassen, gibt es dafür zwei Gründe: Entweder waren Sie nicht entschieden genug und haben sich verführen lassen, das positive Erleben aus dem Fokus zu verlieren. Oder Ihre Lösung ist noch nicht tragfähig genug. Vielleicht gibt es darin schon gute Ansätze, aber etwas Wesentliches ist noch nicht berücksichtigt. In diesem Fall sind die Störgedanken keine Störungen, sondern wertvolle Hinweise auf etwas Fehlendes. Wir werden uns dem Umgang mit diesen konstruktiven Störgedanken gleich noch etwas genauer widmen.

Beispiel 10

In Verenas Schlüsselszene spielt ihre Oma eine zentrale Rolle. Diese war in der Kindheit für viele Jahre der ruhige Pol in ihrem Leben. Hier hatte sie sich wohl und sicher gefühlt und vor allem war sie immer gerecht behandelt worden - die Ungerechtigkeit ihrer Eltern gab es hier niemals. Doch schon wenige Sekunden, nachdem sie in diese Erinnerung eingetaucht ist und ein tiefes Gefühl von Glück anfängt, sich in ihr auszubreiten, sackt sie wieder in sich zusammen und Tränen treten in ihre Augen. Nach dem Grund befragt, sagt sie, dass die Oma ja schon seit langem tot sei und sie diesen Schutz wohl nie wieder bekommen würde. Danach argumentiert sie scheinbar sachlich, dass diese Erinnerungen an das Positive nur eine Ablenkung seien und nichts mit ihrer Wirklichkeit zu tun hätten. Nachdem ich ihr erklärt hatte, dass diese Gedanken nur dem Zweck dienen, ihr positives Erleben zu unterbrechen, gelingt es ihr, diese wegzuschieben und die Schlüsselerinnerung erneut aufzubauen. Das positive Gefühl entsteht aufs Neue und diesmal kann es sich vollkommen entfalten. Jetzt kann sie über die Ablenkungsstrategie der eigenen Psyche lächeln: „Ach so", sagt sie: „Ich soll mich nicht so gut fühlen. Damit ich nachher nicht wieder so enttäuscht werde - damals war das wichtig. Aber dieses Damals ist lange vorbei, jetzt ist alles anders, jetzt lerne ich, das gute Gefühl zu behalten."

Beliebige Ausreden

Die Rechtfertigungen der Psyche zur Unterbrechung des positiven Prozesses sind oft ziemlich beliebig und haben wenig mit der Wirklichkeit zu tun. Meist lohnt es nicht, sich mit den Argumenten auseinanderzusetzen. Dennoch ist es eine Begegnung mit einer anderen Seite von einem Selbst, und daher ist ein anerkennender Umgang angemessen. Hören Sie sich das Argument also ruhig an und schieben es dann freundlich weg, vielleicht mit dem Kommentar: „Ja, ich habe dich gehört, aber jetzt habe ich etwas anderes zu tun." Oder: „Danke für die Anmerkung, aber ich habe mich entschieden, in aller Ruhe bei meinem positiven Erleben zu bleiben." Sollte immer noch etwas nachkommen, können Sie auch strenger werden: „Nein, jetzt nicht, lass mich in Ruhe!"

Es kann sehr ertragreich sein, die Argumente der eigenen Abwehr aufzuschreiben. Hier bekommt man in Reinschrift serviert, wie die eigene Psyche gelernt hat, sich selbst zu »disziplinieren«. Bei jedem kommen andere Argumente. Beliebt ist es, von Pflichten zu reden, ein schlechtes

Gewissen oder Schuldgefühle zu machen, auf die fehlende Zeit hinzuweisen, die positiven Erfahrungen zu entwerten („ist doch nur ausgedacht, längst vorbei, hilft mir heute auch nicht mehr ...") oder schlicht, die Gedanken auf andere Themen zu lenken.

Anregung oder Störung

Die Einwände der Psyche sind nicht immer nur Störungen. Manchmal enthalten sie auch Hinweise auf wesentliche Korrekturen für den Lösungsansatz.

Störmanöver von konstruktiven Hinweisen unterscheiden

Woran kann man erkennen, ob es sich um Störmanöver handelt oder um konstruktive Hinweise?

Bei einer stimmigen Lösungssituation stellen sich schnell deutliche positive Gefühle ein. Auf der Positivskala befindet man sich im oberen Bereich. Kommt die Unterbrechung durch störende Gedanken erst danach, ist es meist nur ein Störmanöver. Schiebt man die störenden Gedanken weg, geht die positive Entwicklung sofort weiter. Wenn dagegen das Wegschieben nicht gelingt, ist die Wahrscheinlichkeit hoch, dass noch ein wichtiges Argument Beachtung braucht. Auch wenn die positive Intensität über eine 4 nicht hinausgeht, könnte noch Nachbesserungsbedarf bestehen.

Störmanöver arbeiten oft mit sehr allgemeinen Aussagen wie: „Das ist doch nur eine Fantasie, das hilft doch nichts", oder: „Das vergesse ich doch wieder alles" oder ähnlichen. Es wird gesagt, was alles nicht geht, und Begriffe wie »immer« oder »nie« machen die Argumente vermeintlich wichtig. Beliebt ist auch der Versuch, die Gedanken auf ein anderes

Thema zu lenken.

Auch konstruktive Gedanken springen mitunter auf ein anderes Thema. Hört man aber genau hin, stellt man fest, dass zu dieser anderen Situation eine bestimmte Qualität des Erlebens gehört, die beim Aufbau der Lösung noch fehlte. Die unbewusste Psyche assistiert bei der Suche und richtet den Fokus punktgenau aus. So springen die Gedanken etwa zur Familie eines Freundes, und die Geborgenheit in dieser Familie kommt in die Erinnerung. Dann könnte diese Geborgenheit ein Aspekt sein, der in der Lösungsszene noch fehlt.

Oder der Gedankensprung zum letzten Urlaub in einer Gruppe erinnert an das Gefühl, sich in einer Gruppe besonders wohlgefühlt zu haben. Dann sollte die Lösung um diese Eigenschaft ergänzt werden; falls sie schon dabei ist, muss sie mehr in den Fokus genommen werden.

Konstruktive »Störgedanken« lassen sich auch daran erkennen, dass sie den Fokus auf bestimmte Aspekte der Lösungssituation richten, zum Beispiel auf etwas, was darin zu viel oder zu wenig ist. Fehlt etwas ganz, helfen die eben beschriebenen Sprünge zu anderen Themen, um genauer herauszufinden, was fehlt.

Ansatzpunkte für Korrekturen

Einige Eigenschaften der Lösungssituationen tauchen bei Korrekturen häufiger auf:

Zeit: Die Zeit spielt oft eine besondere Rolle. Das hat damit zu tun, dass die Zeit eine wichtige Komponente beim Entstehen belastender Erfahrungen ist. Es geht immer um Zeit, wenn Kinder zu lange allein gelassen, zu früh in die Verantwortung geschoben oder nicht lange genug begleitet wurden. Zeit kann man auch verstehen als Synonym für Vertrauen. Vertrauen kann sich nur entfalten, wenn gute Umstände längere Zeit anhalten und nicht unterbrochen werden.

Braucht man in einer Lösungsfantasie mehr Zeit, um Vertrauen aufzubauen, muss man nur die Schlüsselszene zeitlich dehnen. Ich beziehe mich auf das letzte Beispiel, in dem die Oma so wichtig war. Die Aufgabe besteht hier darin, den Aufenthalt bei der Oma schon Monate oder Jahre früher zu beginnen und/oder auch deutlich zu verlängern, etwa in der Anregung: „Stellen Sie sich vor, dass Sie viele Jahre bei der Oma leben oder sogar für immer bei ihr sind ..."

Manchmal hilft es auch, im Zeitraffer auf einen Ablauf zu schauen. Eine gute Situation kann zusätzliche Wirkung entfalten, wenn man sich vorstellt, dass sie über Wochen oder Monate anhält.

Vertrauen mithilfe einer Fantasie aufzubauen, ist leider nur in gewissen Grenzen möglich. Wenn jemand zu wenige Erfahrungen damit sammeln konnte, helfen auch keine Tricks. Dann muss für den Aufbau von Vertrauen *reale Zeit* in vertrauensvolle Erfahrungen investiert werden. Hier sind die im Vorteil, die auf reale Erfahrungen von Vertrauen zurückblicken und daran anknüpfen können.

Sicherheit: Bei vielen Korrekturen von Lösungssituationen geht es um das Thema Sicherheit. Da die Lösungssituation ja eine Antwort auf ein Problem ist, kann es sein, dass darin noch bedrohliche Umstände oder nicht verlässliche Personen verblieben sind. In diesem Fall kann der gewählte Ort mit zusätzlichen Eigenschaften ausgestattet werden. Man denkt sich weitere Zimmer, Wände oder feste, abschließbare Türen hinzu. Einfacher ist es, einen unsicheren Ort zu verlassen und vielleicht sogar die Zeit. Fast jeder kennt die Beam-Techniken aus Science-Fiction-Filmen. Auch das Reisen in andere Zeiten oder Dimensionen erfordert selten Erklärungen. Nutzen Sie dieses Potenzial oder greifen Sie gleich zum Zauberstab. Die Frage heißt dann: „Angenommen, Sie haben jetzt einen Zauberstab zur Verfügung. Wie gestalten Sie die Situation, damit Sie sich sicher auf das gute Gefühl einlassen können?"

Personen: Selten sind erinnerte Lösungen ohne Einschränkungen. Die reale gute Oma, der Onkel, der Freund, alle waren in der Wirklichkeit nicht oft genug anwesend oder vielleicht aufmerksam, aber nicht liebevoll oder haben andere Mängel. Die aufkommenden störenden Gedanken drehen sich oft um solche Details. Hier ist es möglich, die bemängelte Person auszuwechseln, sie mit Begleitern zu unterstützen, die den Mangel ausgleichen, oder die Person selbst mit entsprechenden Fähigkeiten zu fantasieren. Nicht immer ist alles möglich. Probieren Sie einfach, was am besten funktioniert.

Sucht man für eine Situation in der Kindheit eine Lösung, gibt es eine Person, die in sehr vielen Fällen beinahe ideal ist und perfekte Hilfe anbieten kann. Es ist die eigene Person. Man selbst kennt die eigenen Nöte sehr genau und weiß daher, was man zur Unterstützung gebraucht hätte. Deshalb liegt es nahe, sich selbst als Erwachsener in die Vergangenheit zurück zu beamen und die Kind-Version der eigenen Person aufzusuchen und ihr zu helfen. Man kann sich auch mit dem Kind an der Hand wieder in die Gegenwart versetzen und das Kind im Jetzt versorgen. Insbesondere, wenn man eigene Kinder in einem ähnlichen Alter hat, bietet es sich an, sein Kind-Ich in die Gegenwartsfamilie hinein zu denken. Viele Menschen geben ihren Kindern das, was ihnen selbst fehlte.

Stellen Sie sich vor, dass Ihr kleines Ich neben Ihrem realen Kind sitzt und genau das bekommt, was es braucht. Wie geht es ihm dabei?

Verantwortung: Bei einigen Menschen hat es einen hohen Stellenwert für ihr Selbstverständnis, Verantwortung für andere zu übernehmen. Solchen Menschen fällt es manchmal schwer, sich auf positives Erleben einzulassen, solange andere noch unversorgt sind. Sie denken an die anderen und was sie für diese tun müssten. Hier muss die Verantwortung für andere Personen berücksichtigt und in der Lösung mit geregelt werden, zum Beispiel mit zusätzlichen Personen: „Stellen Sie sich vor, ein ganzes Team von Menschen kümmert sich jetzt um alles Notwendige. An jeden wird gedacht. Sie können Ihre Gedanken loslassen und zu sich selbst zurückkehren."

Auch wenn man für Kindheitsnöte Lösungen sucht, taucht dieses Thema häufig auf. Viele Kinder wachsen damit auf, sich für Eltern oder Geschwister verantwortlich zu fühlen oder sogar für eine harmonische Balance in der Familie. Hier hilft man sich so, wie eben beschrieben. Die helfende Oma bekommt Unterstützer, die sich nur um die offen gebliebenen Aufgaben kümmern. Diese Helfer werden so ausgesucht beziehungsweise konstruiert, dass sie für die anstehenden Aufgaben geeignet sind. Eine freundliche liebevolle Frau für die Geschwister, ein starker durchsetzungsfähiger Mann, um den betrunkenen Vater in Schach zu halten, eine einfühlsame Psychotherapeutin, um die durchdrehende Mutter zu beruhigen et cetera.

Schuld: Eine Schuldthematik kann jeden positiven Prozess massiv behindern. Wenn man sich schuldig fühlt und für sein Tun eine Strafe erwartet, hat man keine Erlaubnis, sich zu belohnen. Kinder lernen leider schnell, dass sie selbst die

Schuld tragen an dem, was geschieht. Viele Eltern wissen das nicht und sprechen daher selten aus, dass ein Kind zwar manches noch nicht kann, dass dies aber niemals ein Beleg für seine Schuld ist. Viele Erwachsene haben diese Schuldannahme aus ihrer Kindheit mitgebracht. Sie müssen erst lernen, dass dies ein Irrtum war und sie sich niemals schuldig gemacht haben. Geht es um Schuld, sollten die erinnerten oder erfundenen Helfer in der Lösungsvorstellung mehr als einmal aussprechen: „Es ist nicht deine Schuld! Kinder haben niemals Schuld! Du bist vollkommen frei von Schuld."

Erwachsene, die sich wegen eines Versagens, Fehlers oder unzureichender Verantwortungsübernahme schuldig fühlen, brauchen etwas anderes als einen generellen Freispruch. Sie müssen lernen, dass es zum Menschsein dazugehört, Fehler zu machen - und dass dies geradezu eine Voraussetzung für persönliche Weiterentwicklung ist. Manches (vermeintliche) Versagen war Teil eines Lernprozesses und kann daher verstanden und akzeptiert werden.

Manchen reicht das nicht, sie brauchen mehr als Verständnis für die eigene Fehlerhaftigkeit. Sie haben das Gefühl, sich an anderen schuldig gemacht zu haben und können eine Entschuldung nicht annehmen. Hat eine Mutter ihr Kind nicht vor dem wütenden Vater schützen können, ist es hilfreich, nicht mehr von Schuld zu reden, sondern von Verantwortung. Sie sollte lernen, dass sie an einem Punkt ihre Verantwortung als Mutter nicht erfüllen konnte. Hier wird die Tendenz zur Generalisierung unterbrochen. Sie ist dann nicht mehr die generell versagende und schuldige Mutter, sondern eine, die unter bestimmten Umständen nicht helfen konnte. Damit wird es möglich, die Umstände genauer zu betrachten und vielleicht sogar zu verstehen, warum sie sich so verhalten hat.

Manche Personen brauchen für ihr Tun dennoch eine Strafe oder müssen eine Wiedergutmachung leisten, um innerlich zu einer Entschuldung zu kommen. Dann macht es auch Sinn, einen inneren Richter aufzurufen und ihn nach einer angemessenen Strafe zu fragen. Hier ist viel Genauigkeit gefragt. Strafe allein löst nicht unbedingt das Schuldgefühl. Die Frage heißt: „Was müssen Sie tun oder was muss geschehen, damit Sie sich wieder rehabilitiert fühlen?"

Manchmal kommt man allein nicht weiter

Vielleicht wurde im letzten Abschnitt deutlich, dass es unter Umständen schwierig sein kann, noch durchzublicken und zum Ziel zu finden. Ist eine Störung Ablenkungsmanöver oder Hinweis auf wichtige Ergänzungen? Wieso stellt sich kein gutes Gefühl ein, obwohl sich die Lösung so treffend anhört? Was fehlt, was hat man übersehen? Was tun, wenn man nicht weiterkommt?

Ich empfehle einen entspannten Umgang mit solchen Schwierigkeiten. Rom wurde auch nicht an einem Tag erbaut, und manche Prozesse brauchen einfach etwas länger. Wenn man nicht mehr weiter kommt, kann das auch ein Hinweis sein, dass eine Pause angesagt ist, ein Themenwechsel, eine Auszeit.

Es kann aber auch zeigen, dass es *allein* zu schwierig ist. Dann heißt die Aufgabe, für die eigene Suche einen Begleiter zu finden. Dabei denken viele vermutlich zuerst an nahestehende vertraute Personen. Oft ist aber ein nur oberflächlich Bekannter besser geeignet. Je näher Menschen einander sind, umso ähnlicher sind ihre Lebensthemen und umso größer ist die Wahrscheinlichkeit, dass der Helfer Wichtiges übersieht, weil auch seine eigenen Themen berührt werden. Da, wo er helfen soll, klarer zu sehen, hat er vielleicht genau seine blinden Flecken. Denn die hat man meist im Bereich des eigenen Lebensthemas. Für die hier gesuchte Begleitung wäre eine sehr nahestehende Person also eher ungünstig.

Es gibt auch eine Reihe von Themen, die für eine Bearbeitung allein schlecht geeignet sind. Wenn etwa ein Mensch zu früh in seinem Leben auf sich allein gestellt war und ihm eine respektvolle und fürsorgliche Begleitung fehlte, empfehle ich, den beschriebenen Suchprozess nicht allein durchzuführen. Wer schon viel zu viel auf sich allein gestellt war, sollte damit nicht endlos weitermachen.

Sind Sie jemand, der sich ungern in die Abhängigkeit von anderen begibt und seine Aufgaben am liebsten allein erledigt, weil man sich auf andere so wenig verlassen kann? Helfen Sie gerne anderen, aber fragen selbst selten oder nie nach Unterstützung? Waren Sie schon in frühen Jahren Ihrer Kindheit mit vielen Aufgaben auf sich allein gestellt und vielleicht sogar in der Verantwortung für Eltern, Geschwister oder andere? Dann sind Sie vielleicht so ein Mensch, dem es sehr gut tun könnte, mal Unterstützung durch andere zu erfahren.

Menschen in helfenden Berufen wie Ärzte, Therapeuten oder Krankenschwestern sind oft betroffen. Ärzte, die den Weg in meine Praxis finden, nehmen meist nur wenige Sitzungen. Sie versuchen, ihr Problem zu verstehen, um dann den Rest allein zu bewältigen - so wie es für sie normal ist. Für ihre Patienten geben sie alles, aber für sich selbst kennen sie es kaum, sich das zu holen, was sie brauchen. Aber auch in allen anderen Berufsfeldern finden sich die Alleinkämpfer. Ihre zentrale Not dreht sich oft darum, dass ihnen zu viel Verantwortung aufgebürdet wurde, sie anderen zu wenig vertrauen können oder eigene Grenzen nicht gewahrt werden. Die Schlüssellösungen sind dementsprechend Situationen, in denen sie endlich mal ihre Ruhe haben, andere ihnen Verantwortung abnehmen oder einfach nur stabile verlässliche Grenzen existieren.

DAS POSITIVE NUTZEN

Wenn Sie Ihren Schlüssel zur Psyche gefunden haben und auch die positiven Wirkungen spüren konnten, sind Sie jetzt auf der positiven Seite des Erlebens. Versuchen Sie, für eine Weile dabei zu bleiben und nicht gleich wieder zur Tagesordnung überzugehen, denn Sie haben es hier mit sehr wertvollem »Material« zu tun. Den Wert positiven Erlebens kann man nicht hoch genug ansetzen. In meiner Praxis höre ich manchmal den Einwand, positive Erfahrungen würden einen nur von der Wirklichkeit ablenken. Man würde sich besänftigen lassen und sei dann nicht mehr in der Lage, angemessen auf Probleme zu reagieren. Diese Annahme ist nur begrenzt richtig. Wenn man unmittelbar in einer Problemsituation steckt, sollte man sich auf das Geschehen konzentrieren. Das hilft, für den eigenen Schutz zu sorgen, für unmittelbare Lösungen, innere Distanz oder was gerade notwendig ist. Aber wenn das unmittelbare Geschehen vorbei ist, macht es in vielen Fällen keinen Sinn, weiter darunter zu leiden. Selbst wenn eine Belastung weiter besteht, zum Beispiel weil jemand die Arbeit oder einen Partner verloren hat oder mit einer schweren Erkrankung oder ähnlichem konfrontiert ist, kann man mit Distanz zum Leid viel besser nach Lösungen suchen.

Engelskreise

Gefühle und Gedanken bilden eine Einheit. Zu jedem Gedanken gehört eine emotionale Erregung. Emotionen finden im Körper statt. Denken, Erleben und Befindlichkeit des Körpers sind untrennbar verbunden.

Emotionen wirken auch auf das Denken zurück. Wenn gute Gefühle bestimmend sind, können sich keine negativen Gedanken ausbreiten. Stress und negative Gefühle führen dagegen zu negativem Denken.

Auch der Körper wirkt auf den Kopf. Untersuchungen zeigen, dass schon ein künstlich aufgesetztes Lächeln eine Tendenz erzeugt, positiver zu denken. Auf lächelnde Menschen reagieren Menschen mit einem Lächeln - ganz automatisch. Lächeln Sie in die Umgebung, kommt Lächeln zurück. Das bestärkt Sie wiederum in Ihrem Lächeln und löst positive Gedanken und positives Erleben aus. Es entsteht ein sich selbst verstärkender Prozess, ein »Engelskreis«.

Wer Vorurteile gegen positive Gefühle äußert, vergisst leicht, dass negatives Erleben oft grundlos entsteht: durch unbewusstes Anknüpfen an längst vergangene Zeiten. Weil es in der Geschichte des eigenen Werdens womöglich manchmal die beste Lösung war, entscheidet die Psyche, uns wieder in vertrautes (belastetes) Erleben zu manövrieren. Aber damals war man Kind, vielleicht nur wenige Jahre alt und verfügte nicht über die heutigen Möglichkeiten. Wenn man in die alten Welten eintaucht, ist es, als ob man unter negativer (Selbst-)Hypnose steht. Man kann dann von einer Negativtrance oder Problemtrance reden. Dies ist eine in der Hypnose verwendete Bezeichnung für einen Trancezustand, der sich von selbst ergibt, wenn man sich gedanklich um ein belastendes Thema dreht. Für den Betroffenen fühlt sich das echt an. Für einen Beobachter ist aber meist erkennbar, dass sich der Leidende sein Leid gerade alleine erzeugt.

Mit der Schlüsseltechnik machen wir etwas Ähnliches, erzeugen aber eine *Positiv*trance. Wir haben dabei ein anderes Vorzeichen vor unserem Erleben. Man könnte anführen, dass es sich auch nur um eine Trance handelt, wir außer dem Vorzeichen also nichts geändert haben. Tatsächlich wird alles anders, sobald wir in ein positives Erleben eintauchen. Im ersten Kapitel hatte ich darüber berichtet, dass wir unter Stress innerlich vorwiegend aus Erinnerungen und bereits vorhandenen Verhaltensmustern gesteuert werden. Die Amygdala, eine Instanz, die in unserem Gehirn für die emotionale Steuerung zuständig ist, schaltet erst bei positivem Erleben den Hippocampus frei - die Instanz, die es ermöglicht, neue Erfahrungen zu machen. Erst wenn der innerliche Stress verschwindet, können wir die Möglichkeiten nutzen, die uns die Gegenwart bietet[5].

Die Schlüssellösung erzeugt somit keine Selbsttäuschung, sondern öffnet eine Tür in die gegenwärtige Wirklichkeit. Hinzu kommt: Wenn ich mich erinnere, dass meine Oma meine Leistung gesehen hat, dann habe ich diese Erfahrung tatsächlich gemacht. Ich bin also nicht immer für alle unsichtbar gewesen. Diese Erfahrungen waren nur leider vergessen und hatten für die Entwicklung der eigenen Persönlichkeit und des eigenen Verhaltens nicht genug Kraft - oder waren in der falschen Zeit gemacht worden. Jetzt ist daher eine gute Zeit, diesen positiven Erfahrungen neue Bedeutung und einen neuen Stellenwert zu verleihen.

Selbst wenn es *nur* eine Fantasie ist, die mir als Lösung

---

5   Krätzig, R., Neue Lösungen für vertraute Probleme", 2017 ab S. 197

einfällt, wurde diese Fantasie aus meiner Erfahrung geboren. Wir können nur fantasieren, was wir auch mit Erfahrung füllen können. Auch wenn es jetzt nur Frau Holle, eine Fee oder ein fiktiver großer Bruder ist, gibt es die dazu gehörigen Erfahrungen von Begleitung, Schutz et cetera. Auch wenn Sie diese Erfahrungen vielleicht nur beiläufig erlebt haben, sind sie dennoch Teil Ihres Lebens.

Ob Erinnerung, Erfindung oder ein Mix aus beiden - in allen Varianten geben wir Randerfahrungen einen neuen Stellenwert, gewichten sie neu als Lebenserfahrung und nutzen sie dafür, alte Irrtümer zu löschen. Ja! Es ist ein Irrtum, wenn ein Kind durch widrige Umstände zu der Überzeugung kommt, es sei unwichtig oder allein auf der Welt. Auch wenn es sich für viele Kinder so darstellt: Sie sind es nicht. Es gibt *keinen* unwichtigen Menschen und *keinen*, der verdammt ist, allein zu sein.

Unbedingt dranbleiben

Die wirkliche Kraft Ihres Schlüssels kann sich nur entfalten, wenn Sie ihn regelmäßig aufrufen, also in die Schlüsselszene mit Ihren Gedanken und Gefühlen für ein paar Augenblicke einsteigen. Einige werden das Buch jetzt vielleicht weglegen, weil sie glauben, jetzt alles Notwendige in der Hand zu haben. Ich empfehle aber allen Lesern, noch weiter dran zu bleiben. Denn etwas sehr Wichtiges kommt noch: Mit Hilfe des Schlüssels und anderer Instrumente neue Gewohnheiten aufzubauen. Das eigene Lebensthema herauszufinden und den eigenen Schlüssel zur Psyche zu erarbeiten, sind ja nur Vorstufen zum eigentlichen Ziel, den Umgang in der Partnerschaft zu verändern. Die Kommunikation, der Umgang miteinander und die Art und Weise, wie man den anderen sieht und auf ihn reagiert, müssen sich ändern. Diese Veränderungen sollen auch dauerhaft sein und noch in der Zukunft verlässlich funktionieren. Und dafür bieten nur Gewohnheiten eine hinreichende Gewähr. Ohne die Errichtung neuer Gewohnheiten gibt es keine verlässliche Veränderung des eigenen Lebens. Hier folgen zunächst einige Anregungen, wie und wo Sie mit Ihrem Schlüssel üben und arbeiten sollten. In Teil 4 geht es dann um zusätzliche Hilfstechniken und darum, wie man neue Gewohnheiten etabliert.

KANN MAN DAS MESSEN?

Ich habe mir - leider erst vor einigen Wochen - ein sogenanntes Biofeedback-System gekauft. Die waren mir früher immer zu teuer, jetzt gibt es so etwas auch als App[6] für das Smartphone. Auch wenn der dafür notwendige Sensor noch fast 200 € kostete, hat sich für mich diese Anschaffung gelohnt. An mir selbst und auch schon mit einigen meiner Kunden habe ich so die Wirkung des Schlüssels zur Psyche überprüfen können. Der Sensor wird an das Ohrläppchen geklemmt und misst mit Infrarot-Licht den Puls. Dieser variiert sehr schnell und sehr fein und zeigt so deutlich, ob sich der Körper gerade in einem Stresszustand befindet oder eben nicht. Ich konnte so die positive Wirkung des Schlüssels auf die Psyche auch auf technischem Wege nachvollziehen.

Interessant ist, dass manche schon mit den einfachen Techniken (aus Abschnitt 1 und 5) komplett aus einem Stresszustand aussteigen können. Andere dagegen schaffen das nur, wenn sie mit dem eigenen Schlüssel sehr genau arbeiten. Auf dem Display konnte man erkennen, wie wichtig es für letztere Personen ist, sich nicht von

---

6   Inner Balance von HearthMath

irgendwelchen vordergründigen Annahmen über einen Entspannungszustand verführen zu lassen. Die Kurve blieb im roten Bereich, auch wenn die Person annahm, dass sie jetzt vollkommen entspannt ist. Erst, wenn die volle Aufmerksamkeit auf den Kern des eigenen Schlüssels gerichtet wird, schlägt der Anzeiger sofort in den grünen Bereich um.

Die Unterschiede bei verschiedenen Personen haben sicher etwas mit dem jeweiligen psychischen Hintergrund zu tun. Wer weniger belastet war, kann auch leichter einen Stresszustand vermeiden beziehungsweise wieder aus einem herausfinden. Wer schwere Belastungen ertragen musste, kann leichter in einen Stresszustand geraten und hat mehr Probleme, diesen wieder zu verlassen. Es hat natürlich auch etwas mit der Intensität zu tun, in der man sich gerade im Stress befindet. Brennt es gerade an vielen Ecken und ist man vielleicht auch schon etwas ausgebrannt von lang anhaltendem Stress, fällt es sicher schwerer, in einen ruhigen Zustand zu kommen. Ist man dagegen einigermaßen erholt und erlebt zusätzlich auch noch eine gute Zeit, wird man es vermutlich leichter haben.

Meine Messergebnisse zeigten mir aber auch, dass Menschen, die irgendwann sehr stark psychisch belastet waren, sich mehr oder weniger beständig in einem Stresszustand befinden und selbst unter guten Bedingungen nie innerlich zur Ruhe kommen. Selbst dann nicht, wenn gute Rahmenbedingungen herrschen und die Person sich auch bewusst versucht zu entspannen. Diese Menschen müssen wirklich sehr genau mit ihren Schlüsselmomenten sein und auch längere Zeit damit operieren, um eine Wirkung zu erreichen. Sie sollten sich zudem für die Option öffnen, sich psychotherapeutische Hilfe zu holen.

Tun oder Sein

Hier noch eine wichtige Anmerkung zu den kleinen Techniken, aber auch zum Umgang mit dem Schlüssel zur Psyche. Ganz gleich, was Sie nutzen, um sich aus einem angespannten Zustand heraus zu bewegen. Alle Übungen sind immer nur ein erster Schritt. Im Grunde genommen sind diese geistigen Anstrengungen ja auch nur eine Art von Belastung. Gegen eine gewohnte Tendenz versucht man eine andere aufzubauen. Allerdings braucht man diese Art von Übung, um die Vorgänge im Gehirn in neue Richtungen kanalisieren zu können. Das eigentliche Ziel ist immer ein Zustand innerer Entspannung, also innere Ruhe, Gelassenheit und Frieden. In so einem Zustand bemüht man sich nicht verzweifelt darum, einen bestimmten Geisteszustand zu erreichen, vielmehr ist man bereits da. Man ist mittendrin in einer guten Situation und wenn es überhaupt noch um irgend eine Form von Bewusstheit geht, dann darum, es zu genießen, dass es so ist wie es ist.

Auf dem Messgerät zur Überprüfung des inneren Spannungszustandes würde man sehen, dass man auch während der eigentlichen Konzentrationsübung nicht sonderlich entspannt ist. Selbst in so einer kleinen Übung, wie einem aufgesetzten Lächeln, gibt es also zwei Stufen. In der ersten hat man die Idee und setzt sie aktiv um. Man ist also aktiv bemüht, etwas Bestimmtes zu tun und damit ist man in einem aktiven Geisteszustand. Erst wenn man das Lächeln aufgesetzt hat und jetzt in den durch diese Mimik begünstigten friedlichen Seinszustand hineintaucht, würde das Messgerät in den grünen Bereich wechseln. Die Aufgabe heißt also, in allen kleinen Techniken und natürlich auch beim Schlüssel zur Psyche, nicht nur etwas zu tun (die Technik durchzuführen, die Schlüsselszene aufzurufen), sondern in einen Seinszustand einzutauchen. Also der zu sein, der gerade tief ausgeatmet hat, lächelt, seine Schlüsselszene gerade erlebt ...

DEN SCHLÜSSEL TRAINIEREN

Wenn Sie sich bis hierher vorgearbeitet haben, sollten Sie Ihren persönlichen Schlüssel und auch schon seine positive Erlebensqualität kennen.

Ihn zu benutzen, bedeutet, sich die erarbeitete Lösung innerlich vor Augen zu halten und für einen Moment in das positive Erleben einzutauchen. Der Schlüssel hat eine intensive Wirkung auf die Problemsituation in Ihrem Leben. Die Konflikte im Miteinander, Streitereien, Reibereien und kleinen oder großen Missverständnisse werden durch den Schlüssel kleiner werden. Sie entfalten nicht mehr so viel Kraft und haben auch nicht mehr dieselbe negative Energie wie vorher. Allerdings geschieht dies dadurch, dass Sie im Vorfeld mit dem Schlüssel arbeiten. Warten Sie also nicht auf negative Situationen. Fangen Sie vielmehr sofort damit an. Nutzen Sie einigermaßen friedliche Situationen, um den Schlüssel anzuwenden und Ihrer Psyche das positive Erleben zu schenken, was darin steckt. Auch zur *Nachbereitung* von schwierigen Situationen können Sie ihn benutzen. Seine mildernde Wirkung auf künftige schwierige Situationen werden Sie bemerken, wenn sie regelmäßig damit üben. Da die Psyche immer wieder das bekommt, was sie braucht, wird den Problemen mehr und mehr der Sprengstoff entzogen. Das einzige, was Sie brauchen, ist ein kleiner Moment, in dem Sie sich ganz konzentriert auf Ihre Schlüsselszene einlassen können.

Wenn es Ihnen gut geht

Ganz am Anfang wird Ihnen der Zugang zu Ihrem Schlüssel vermutlich nur gelingen, wenn es Ihnen einigermaßen gut geht. Um ein gutes Ergebnis zu erzielen, brauchen Sie Ihre ganze Konzentration. Lassen Sie sich nicht darauf ein, nur kurz an den Schlüssel zu denken und sich dann wieder anderen Aufgaben zuzuwenden. Damit haben Sie noch nichts erreicht. Der Gedanke allein bewirkt nichts. Nehmen Sie Sich eine kleine Auszeit: Bleiben Sie einfach da sitzen (oder stehen), wo Sie gerade sind. Unterbrechen Sie Ihre Beschäftigung, lassen den Stift ruhen, legen die Computermaus aus der Hand oder stellen das Bügeleisen zur Seite. Manchen hilft es, die Augen zu schließen, um sich so leichter von der Umgebung abgrenzen zu können. Wenn Sie die Augen offen halten wollen, lassen Sie den Blick entspannt an einer Stelle ruhen. Dabei werden die Augen so eingestellt, als wolle man gleichzeitig das gesamte Blickfeld erfassen. Dadurch entspannen die Augen und der Blick wird weicher.

Sie können dann direkt in die Lösungssituation einsteigen. Holen Sie sich die Erinnerung, die Fantasie oder die Mischung aus beidem in Ihre Vorstellung. Schauen Sie auf den kleinen Film der guten Szene. Der positive Ablauf geschieht, und Sie haben die Aufgabe, sich an das gute Gefühl zu erinnern. Spüren Sie in den Körper hinein und nehmen Sie insbesondere die Regionen wahr, in denen Sie das positive Erleben vorrangig spüren.

Wenn es Ihnen schwerfällt, direkt die Schlüsselszene aufzurufen, können Sie auch den »Umweg« über eine Negativerfahrung nehmen. Wählen Sie eine aus, die etwas mit Ihrem Lebensthema zu tun hat, am besten die, die Sie schon zum Finden Ihres Schlüssels genutzt hatten. Holen

Sie sich diese Negativszene in Erinnerung und nehmen Sie Kontakt zu den dabei erlebten Gefühlen auf. Halten Sie innerlich so viel Distanz wie notwendig, denn Sie sollten zu jedem Zeitpunkt einfach wieder aussteigen können. Auf Ihrer persönlichen Belastungsskala (1 bis 10) sollten Sie eine 3 bis 4 auf keinen Fall überschreiten. Sobald Sie eine Ahnung negativer Gefühle spüren, wechseln Sie zu Ihrer Schlüsselszene. Lassen Sie den inneren Film ablaufen und spüren Sie, was das mit Ihnen macht. Sollte der Einstieg in die Schlüsselszene noch nicht klappen, gehen Sie erneut in die Belastungserinnerung. Steigen Sie ein klein wenig tiefer ein, bevor Sie erneut den Wechsel vornehmen.

Ganz gleich, auf welchem Weg Sie dort ankommen, ist das Ziel immer, die positiven Gefühle der Schlüsselszene zu spüren. Auf Ihrer persönlichen Positivskala sollten Sie mindestens eine 1 bis 2 erreichen. Alles, was mehr ist, ist besser.

Wenn Sie nicht in die Schlüsselszene hineinkommen

Manchmal funktioniert es nicht, man findet die Ruhe nicht oder hat nicht die Konzentration, sich genügend auf die positiven Gefühle einzulassen. Vielleicht sind unterschwellig auch noch Belastungen da, die sich dazwischen schieben und den positiven Prozess nicht zulassen. Dann braucht man zusätzliche Hilfsmittel. Eines kennen Sie schon, wenn Sie den Bd. 1 von »Ein Paar sein und bleiben« schon kennen. Die Feel-Free-Technik hilft, wenn man innerlich belastet ist. Mit Hilfe von inneren Bildern wird die eigene Psyche angehalten, sich innerlich von den Belastungen zu distanzieren. Aber es gibt noch einfachere Wege, die manchmal vollkommen ausreichen, um sich zumindest soweit in ein gutes Gefühl zu bringen, dass man in die Lage kommt, die Schlüsselszene durch zu spielen. Einige davon habe ich bereits in Teil 1 benannt, weitere zeige ich in Teil 5, im Abschnitt »Nachschlag: Instant-Ausstiegstechniken«.

So oft wie möglich

Reale Schlüssel und Schlösser aus Metall nutzen sich mit zunehmendem Gebrauch mehr und mehr ab. Bei unserem Schlüssel zur Psyche ist es anders, der funktioniert umso besser, je häufiger er eingesetzt wird. Das liegt daran, dass häufig angesprochene neuronale Netzwerke in unserem Kopf verstärkt und ausgebaut werden. Unser Gehirn ist hocheffektiv und sorgt dafür, dass das, was oft benötigt wird, entsprechend »weit vorne« angesiedelt und ohne viele Umwege schnell verfügbar ist. Deshalb sollten Sie den Schlüssel häufig benutzen. Dadurch wird er immer besser.

Je öfter Sie üben, umso schneller wird es Ihnen gelingen, zum Ziel zu kommen. Am Anfang brauchen Sie vielleicht noch 10 bis 15 Minuten. Bei regelmäßigem Üben können Sie dasselbe schon bald in circa drei Minuten oder weniger erreichen.

Später werden Sie an jedem Ort üben können. Am Anfang empfehle ich, gute Orte für diese kleine Meditation auszusuchen. Orte, die Sie darin unterstützen, zu dem positiven Erleben vorzudringen, das Ihre Seele braucht. Wenn Sie es dann später auch an anderen, vielleicht weniger geeigneten Orten durchführen, können Sie die positiven Aspekte dieser guten Orte als Hintergrund mit in Ihre Schlüsselszene einbauen. Lesen Sie dazu bitte unbedingt auch den anschließenden Teil 4 »Gewohnheiten entwickeln.«

Erst wenn Sie eine gute Routine in ungestörten Situationen entwickelt haben, sollten Sie damit anfangen, es auch in anderen Situationen, die mehr Ablenkung bieten, zu erproben. Auch wenn es dann schwieriger wird, sich zu konzentrieren und dafür vielleicht nur wenige Augenblicke zur Verfügung stehen, bleibt das Ziel der Übung immer das Erleben der guten Gefühle der Schlüsselszene.

Mindestens drei Mal am Tag

Nehmen Sie den Kontakt zu Ihrem Schlüssel am Anfang mindestens drei Mal pro Tag auf. Alles, was Sie darüber hinaus machen, verbessert die Wirksamkeit. Zehn kurze Momente der inneren Andacht sind besser, aber das sollte kein Grund sein, sich unter Druck zu setzen.

Überall üben

Wo sitzen Sie bisher nur herum und haben nichts zu tun, greifen aus Langeweile zum Handy oder lesen ein Buch? Solche Situationen sind ideale Übungsmomente und meist reichlich vorhanden, sodass Sie Ihren Alltag nicht umkrempeln müssen, um Zeiten und Räume für das Üben zu schaffen. Erfahrungsgemäß scheitern die meisten genau daran.

Viele Menschen nutzen öffentliche Verkehrsmittel, andere ihr Auto. Manche fahren Fahrrad oder gehen zu Fuß. Alles ist geeignet, selbst das Sitzen vor dem Fernseher kann für »Schlüsselmomente« genutzt werden. Wenn Sie ein Autofahrer im städtischen Berufsverkehr sind, haben Sie genügend kurze Wartezeiten, in denen Sie zumindest für einen Moment ganz ungestört sind. Sie könnten mit etwas Übung zum Beispiel die Phasen nutzen, in denen Sie vor einer roten Ampel warten.

Entscheidend ist, dass es Ihnen gelingt, aus der Arbeit mit Ihrem Schlüssel zur Psyche eine neue Gewohnheit zu machen.

Wenn es Ihnen nicht so gut geht

Nur wer bereits einige Erfahrung mit der Steuerung der eigenen Psyche besitzt, wird auch genügend innere Distanz finden, um sich in einem belasteten Moment in die Schlüsselszene hineinzubegeben und sein Gefühl damit in eine positive Richtung lenken können. Wie bereits gesagt, ist der Schlüssel zur Psyche auch nicht das bevorzugte Instrument für belastete Augenblicke. Die im ersten Band erläuterte Feel-Free-Technik ist hier viel besser geeignet. Diese hat den Vorteil, dass man die einzelnen Schritte nur stur abarbeiten muss, um sein Ziel zu erreichen. Das ist etwas, was man auch unter innerem Stress noch bewältigen kann.

Wenn Sie mit der FFT-Methode aus einem Stresszustand herausgefunden haben, werden Sie merken, dass Ihnen Ihre Schlüsselszene danach ganz leicht fällt. Aber vielleicht brauchen Sie das jetzt gar nicht mehr, weil Sie innerlich bereits in hinreichender Distanz zum Geschehen sind. Aber auch für FFT braucht man ein bisschen Übung, um damit virtuos arbeiten zu können. Deshalb folgt hier im Anschluss noch ein Kapitel mit ganz einfachen Wegen, um einen belasteten Zustand schnell zu beenden. Diese haben nicht die therapeutische Tiefenwirkung wie FFT und der Schlüssel, wirken im Moment der Anwendung aber dennoch entlastend. Es sind also Instant-Stress-Aussteiger-Techniken, die Sie genau dann nutzen sollten, wenn Sie jetzt sofort und ohne über irgendetwas nachdenken zu müssen aus einem belasteten Zustand heraus wollen und Ihnen FFT gerade nicht einfällt oder Sie darin noch nicht genug geübt sind. Eine gute Kombination besteht darin, erst eine oder mehrere kombinierte kleine Techniken anzuwenden und danach die Schlüsselszene aufzurufen und sich so vollends in einen hinreichenden Abstand zu manövrieren.

DER SCHLÜSSEL DES PARTNERS

Wenn Sie das Buch gemeinsam mit Ihrem Partner bearbeiten, werden beide vermutlich auch darüber reden, was sie für einander tun können, um sich gegenseitig zu helfen, das eigene Lebensthema aufzulösen. Die Schlüsselszene ist ein erster Schritt in die richtige Richtung. Das macht jeder zunächst für sich alleine mit sich alleine. Natürlich ist es ungeheuer hilfreich, wenn das, was in der Schlüsselszene bereitgestellt wird, auch in der Realität erlebt werden kann. Wenn Sie in Ihrer Schlüsselszene zum Beispiel die liebevolle Aufmerksamkeit einer nicht gestressten Mutter genießen - also ein Stück gute Kindheit in Ihr Leben bringen -, kann man so etwas auch in der Wirklichkeit versuchen. Wenn Ihr Partner sich darauf einlässt und experimentierfreudig ist, kann er oder sie für einen Moment vielleicht die Rolle eines liebevollen Elternteils übernehmen. Sich einfach dazusetzen und mit Aufmerksamkeit und Zuwendung das begleiten, was Sie gerade machen. Das darf dann auch die Zubereitung der nächsten Mahlzeit sein oder was immer Sie gerade tun. Steuern Sie Ihren Partner dabei genauso wie Sie es brauchen. Nachher tauschen Sie dann die Aufgaben und Sie spielen für ihn/sie die gewünschte Rolle. Achten Sie darauf, dass es für beide eine angenehme Erfahrung ist. Niemand sollte in so einer Situation über eigene Grenzen hinausgehen. Die Atmosphäre dieser Experimente sollte sehr entspannt und ruhig sein und beiden am besten auch viel Spaß machen. Je mehr Sie dabei lächeln und lachen und sich wohlfühlen, umso intensiver und heilsamer ist diese Art der Begegnung für beide Beteiligten.

***

Jetzt geht es um erweiterte Schlüsselerfahrungen. Es gilt zu entdecken, wo das, was Ihnen Ihr Schlüssel bringt, in Ihrem Alltag bereits vorhanden ist, aber von Ihnen noch nicht wahrgenommen wurde. Außerdem erfahren Sie, wie Sie Orte neu «etikettieren» und so dafür sorgen können, ganz subtil immer wieder an die positiven Schlüsselmomente erinnert zu werden.

Danach werden wir uns dann der Aufgabe zuwenden, neue Gewohnheiten aufzubauen, denn, wie bereits gesagt, treten wirklich lang anhaltende Veränderungen nur ein, wenn aus dem neu Gelernten Gewohnheiten werden.

ERWEITERTE SCHLÜSSELERFAHRUNGEN

Bei den meisten Erwachsenen ist das, wonach sie sich im Kern ihrer Psyche sehnen, längst in ihrem Leben vorhanden - aber sie sehen es nicht. Trotz störender Verhaltensprogramme haben sie es sich in ihr Leben geholt, aber durch den langen Verzicht sind sie daran gewöhnt, dass es fehlt. Deshalb wird es auch dann nicht erkannt, wenn es tatsächlich da ist.

Entdecken, was schon da ist

Das bedeutet, dass auch das, was Sie mit Hilfe des Schlüssels in Ihr Leben bringen wollen, bereits dort ist - nur unentdeckt. Es lohnt also, auf Entdeckungsreise zu gehen und diese «Blindheit» aktiv aufzulösen.

Dazu müssen Sie auf Ihr Leben und Ihren Alltag aus einem anderen Blickwinkel schauen. Diesen anderen Blick bekommen Sie durch die Schlüsselerfahrung, dadurch werden Sie perfekt auf das zu Entdeckende eingestimmt.

Wo sollte man anfangen, zu suchen? Das hängt von dem jeweiligen Schlüsselthema ab. Wer sich nach Sicherheit sehnt, sollte eher im Kreis der nahen Menschen suchen, also in der Familie und im Freundeskreis. Der Arbeitsplatz kommt hierfür in einigen Fällen auch in Frage, in vielen anderen aber nicht. Wer nach Liebe sucht, ist ebenfalls auf den Kreis der nahen Personen angewiesen. Hier sind oft auch die eigenen Kinder wichtig, denn die meisten Kinder lieben ihre Eltern uneingeschränkt, auch wenn es sich manchmal - weder für die Kinder noch die Eltern - so anfühlt. Wer es braucht, wahrgenommen zu werden, wichtig zu sein, Bedeutung zu haben et cetera, sollte auch die weiteren Lebenskreise einbeziehen. Viele bekommen diese Form von Zuwendung von Arbeitskollegen, Kunden oder Vorgesetzten - oft, ohne es zu bemerken.

Aufgabe:

Wenn Sie eine Vorauswahl getroffen haben, sorgen Sie für einen Moment Ruhe für einen Durchlauf Ihrer Schlüsselszene. Dadurch bekommen Sie den anderen Blick auf das vertraute Geschehen. Durch die Schlüsselerfahrung rücken ganz bestimmte Aspekte (Sicherheit, Anerkennung et cetera) des Miteinanders in den Vordergrund. Danach gehen Sie in gewohnte Situationen, treffen mit anderen Familienmitgliedern, Freunden oder Kollegen zusammen. Betrachten Sie das Geschehen unter dem speziellen Gesichtspunkt Ihres Schlüsselthemas. Können Sie etwas davon wiederfinden?

Viele werden bei dieser Suche bemerken, dass eine ganze Menge von dem, wonach sie so lange gesucht haben, längst da ist. Der, der überzeugt war, ohne Anerkennung durchs Leben gehen zu müssen, entdeckt, dass es diese Anerkennung von vielen Seiten und schon lange in seinem Leben gibt. Der, der sich nicht wert meint, entdeckt die Anerkennung und Hochachtung, die ihm schon seit langem geschenkt wird. Bisher war er nur blind dafür oder hat dem Ganzen einfach nicht getraut. Dabei war dieses Misstrauen vermutlich nur ein Aspekt eines alten Musters, das einen davor schützte, erneut enttäuscht zu werden. Lernen Sie in diesem Fall, dem zu vertrauen, was da ist. Trauen Sie Ihrem Misstrauen nicht, aber trauen Sie Ihrem guten Gefühl.

Leben Sie die Weisheit, dass Vertrauen immer mit Vertrauen beantwortet wird. Wenn Sie es schaffen, Vertrauen zu schenken, werden Sie das lang ersehnte Vertrauen auch erhalten.

Führen Sie die oben stehende Aufgabe öfter durch, Wiederholungen machen das Ergebnis nur besser. Dadurch wird die Schlüssel-Erfahrung nicht nur hervorgeholt, wenn Sie mit dem Schlüssel üben. Sie wird auch ganz von allein durch Umstände und Geschehen in Ihrem Alltag angesprochen - manchmal direkt und intensiv, öfter nur im Hintergrund. Dennoch wird die Schlüsselerfahrung mehr und mehr ein Teil Ihrer Wirklichkeit - und dies lässt sich noch ausbauen.

Die Gegenwart neu etikettieren

Wenn Sie sich Zuhause auf Ihr Sofa setzen oder auf der Arbeit an den Schreibtisch oder die Werkbank gehen, tauchen Sie ganz von allein in die gewohnten, altvertrauten Atmosphären ein. Überall dort, wo das keine guten Gefühle macht, können Sie das mit Ihrem Schlüssel ändern.

Aufgabe:

Die Aufgabe ist recht einfach, probieren Sie es dennoch erst einmal an einem unverfänglichen Ort. Wählen Sie einen, an dem Sie sich öfter aufhalten, gleich ob zu Hause oder woanders. Sie brauchen nur ein paar Minuten Zeit. Rufen Sie zuerst Ihre Schlüsselszene auf und versuchen, so gut es geht in das Schlüssel-Erleben einzusteigen. Auf der Positivskala (1-7) sollten Sie mindestens eine drei erreichen.

Spüren Sie das gute Gefühl in Ihrem Körper und nehmen wahr, wo es sich im Körper befindet. Danach stellen Sie sich vor, dass es auch über Ihren Körper hinausgeht und Sie wie eine angenehme, vielleicht auch farbige Wolke umgibt.

Jetzt schauen Sie sich aus diesem Gefühl heraus in Ihrer Umgebung um und stellen sich vor, dass Ihre positive

117

Gefühlswolke auf die Umgebung abfärbt. Die Schwingung Ihrer Schlüssel-Gefühls-Sphäre legt sich über alle Gegenstände, durchdringt sie und beeinflusst sie. Das kann man auch mit Klängen oder mit Gerüchen machen und sich ausmalen, von einer Klang- und/oder Geruchswolke umgeben zu sein. Klänge und Gerüche können Sie auch ganz real werden lassen und den Raum mit realer Musik und Gerüchen füllen. Wer mag, kann Räucherstäbchen nutzen, einen Raumduftverdunster oder einfach das eigene Parfüm hier und da im Raum verteilen. Sie können sich zusätzlich dazu vorstellen, dass mit der Musik und den Düften die alten Schwingungen von diesem Ort entfernt werden. Sagen Sie sich, dass hier jetzt ein anderer Wind weht, eine neue Energie einzieht und andere Geister regieren. Die alten Herrscher werden abgesetzt, um Platz für Ihr neues Erleben zu schaffen.

Teil 2 dieser Aufgabe:

Runden Sie den Vorgang damit ab, dass Sie diesem Ort ein «neues Etikett» geben. Er soll für Ihre unbewusste Psyche eine andere Bedeutung bekommen, soll anders interpretiert werden und in der Folge andere innere Programme auslösen. Erinnern Sie sich an die Worte, die neben den Gefühlen zu Ihrem Schlüssel gehören. Zum Beispiel: „ich bin es wert", „ich bin wichtig", „es ist immer jemand für mich da", „mir hört jemand zu" et cetera. Ich meine den Titel der Schlüsselszene, die Überschrift, die über dem Ganzen steht. Sollten Sie solche Überschriften noch nicht haben, finden Sie Ihre heraus. Stellen Sie sich vor, dass Sie Ihre Überschrift auf ein Etikett schreiben und dieses Etikett an einer guten Stelle befestigen. Im Geiste verbinden Sie damit den Auftrag an Ihre unbewusste Psyche, allein Ihren Aufenthalt an diesem Ort zukünftig als Anlass zu nehmen, sich an dieser Überschrift und dem dazu gehörigen Lebensgefühl zu orientieren.

Nachdem Sie ein bisschen Erfahrung damit gesammelt haben, dürfen Sie sich auch schwierige Orte aussuchen. Hier fällt es vielleicht schwerer, den eigenen Schlüssel anzuwenden und ein gutes Gefühl aufzubauen. Lassen Sie sich daher genug Zeit dafür. Sollte es beim ersten Mal nicht klappen, planen Sie einfach den nächsten Versuch. Und wenn es dann immer noch nicht perfekt gelaufen ist, wiederholen Sie es. Selbst wenn es beim ersten Mal schon gut läuft, ist es sinnvoll, das Ganze öfter durchzuführen. Etikettieren Sie denselben Ort ruhig mehrmals, die Psyche lernt auch durch Wiederholung. Ganz allmählich wandelt sich auf diese Weise zum Beispiel Ihr Büro zu einem Ort, an dem Sie es wert sind, beachtet zu werden - oder was immer Ihr zentrales Thema ist. Lassen Sie mit dieser Aktivität keinen der Orte aus, an denen Sie sich öfter aufhalten und die in irgendeiner Weise belastend auf Sie wirken. Etikettieren Sie Ihr Leben neu.

WAS KOMMT NACH DEM SCHLÜSSEL?

Mit Ihrem Schlüssel gewöhnen Sie Ihre Psyche daran, dass Ihre lebenslange Suche nach einer Auflösung Ihres Lebensthemas jetzt zu Ende ist. Lange vermisste Erlebnisweisen werden Realität und sollen zunehmend Ihr Leben bestimmen. Die Visualisierungen in Ihrer Schlüsselszene, gleich ob aus Erinnerungen stammen oder frei erfunden, werden wie neue Erfahrungen verwertet und haben daher für die eigene Psyche einen hohen Stellenwert, wenn sie nur genügend oft und mit hinreichender Intensität stattfinden. Bei Menschen, bei denen keine massiven Traumatisierungen im Laufe ihres Lebens stattgefunden haben, reicht diese Vorgehensweise vollkommen aus, um das ersehnte Ziel zu erreichen. Menschen mit Traumatisierungen könnten aber auf inneren Widerstand stoßen und müssten sich eventuell Hilfe von außen holen - in der Regel wären dies Psychotherapeuten, weil andere Berufszweige kaum hinreichend geschult sind, damit umzugehen.

Von Lesern und Klienten kommt immer wieder die Frage, ob das nicht ein gewaltiger Selbstbetrug ist. Sie argumentieren, dass das Ersehnte in der Realität immer noch nicht da ist, wenn man es sich nur vorstellt. Dazu habe ich mehrere Gegenargumente. Eines ist, dass wir Menschen sehr konsequent darin sind, das, was wir in unserem Kopf denken, auch in unserem Leben zur Realität werden zu lassen. In negativer Weise ist das schnell verständlich. Wer denkt, dass er sowieso nichts hinkriegt, wird in der Regel auch nicht viel hinbekommen. Das funktioniert aber auch in der positiven Richtung. Wenn ich mir immer wieder in meiner Schlüsselszene vor Augen halte, dass ich es wert bin, geliebt und geachtet zu werden, werde ich für diese Liebe und Beachtung immer sensibler. Ich werde sie irgendwann auch im Außen entdecken und dann dafür sorgen, dass solche Momente in meinem Leben öfter geschehen. Das heißt, wer regelmäßig mit einem Schlüssel zur Psyche übt und daraus auch Gewohnheiten (siehe dazu auch das nächste Kapitel) entstehen lässt, wird irgendwann ganz von allein anfangen, sein Leben umzubauen. Man geht anders mit sich selbst und mit anderen Menschen um, sucht neue Erfahrungen und fängt an, unbefriedigende Situationen kritisch zu betrachten und nach Veränderungen zu suchen. Manche Kontakte werden vielleicht weniger bedient, wohltuende werden intensiviert und neue werden aufgebaut.

Manches davon geschieht ganz von allein - weil der Schlüssel die Veränderung bringt und Sie dadurch auch wacher, sensibler und vielleicht auch lebenshungriger geworden sind -, aber selbstverständlich macht es Sinn, solche Veränderungen von vornherein auch absichtsvoll anzugehen. Die Aufgabe heißt ganz einfach, das, was Sie in Ihrer Schlüsselszene erleben, auch im wirklichen Leben stattfinden zu lassen. Was müssen Sie unternehmen, damit das geschehen kann? Welche Aktivitäten sollten Sie verändern, welche hinzufügen? Welche Kontakte fördern, welche eher unterbinden oder wenigstens vermindern? Sie haben sich Ihr Lebensthema erarbeitet und wissen daher, was Sie tief in Ihrem Inneren brauchen. Wo haben Sie das in der Wirklichkeit schon mal erlebt, wo müssen Sie hingehen, was müssen Sie tun, damit das wieder und immer wieder geschehen kann.

Nicht alles auf den Partner richten!

Beachten Sie bitte, dass Ihr Lebensthema in der Kindheit entstanden ist und dass die damit zusammenhängenden Wünsche und Bedürfnisse die eines Kindes sind. Das heißt, dass Sie nicht nach einem anderen Beziehungspartner suchen müssen, sollte es bei Ihnen zum Beispiel um ein Bedürfnis nach mehr Körperlichkeit gehen. Die körperlichen Bedürfnisse eines Kindes können auch in ganz anderen Lebenszusammenhängen befriedigt werden. Für mich war es in dieser Hinsicht ein Glücksfall, dass ich mich als junger Mann für Tanz interessierte und dabei auf die sogenannte Contact Improvisation gestoßen bin. Dies ist eine sehr dynamische Tanztechnik, die - wie der Name schon sagt - mit sehr viel körperlichem Kontakt einhergeht. Ein möglicher Weg, die aus der Kindheit mitgebrachten Kontakt- und Nähe-Bedürfnisse zu befriedigen.

Hinter unbefriedigten sexuellen Bedürfnissen stecken meist ganz andere Nöte. Sexualität ist auch ein Spiegel für eine Beziehung. Ein in wesentlichen Aspekten der eigenen Person unbefriedigter Mensch (Lebensthema) kann auch kaum eine befriedigende Sexualität leben. Sollte bei Ihren Paarproblemen die Sexualität scheinbar im Vordergrund stehen, rege ich an, sich dem Thema auch mal mit einem erweiterten Fokus zu nähern - zum Beispiel mit der Frage, welche Lebensthemen bei beiden Beteiligten gegeben sind und was zur Befriedigung dieser Grundnot notwendig wäre.

Beschränken Sie sich bitte bei der Suche nach der Erlebensqualität, die in Ihrer Schlüsselszene so wesentlich ist, nicht auf den Partner. Fragen Sie sich vielmehr, wo Sie auch auf andere Menschen treffen können, um mehr Erfüllung in Ihr Leben zu holen. Manche brauchen Ruhe miteinander, andere Gespräche, wieder andere Berührung, Wertschätzung und so weiter. Alles Qualitäten, die man auch unabhängig vom Beziehungspartner irgendwo mit anderen erleben kann.

Ich warne immer wieder vor der Idee, alle eigenen Bedürfnisse ausschließlich auf den Beziehungspartner zu projizieren. Wenn Sie das tun, sollten Sie sehr skeptisch mit diesen Gedanken sein. Mit Sicherheit sind hier alte Denkmuster aktiv. Denn, wenn Sie so denken, wissen Sie bereits, dass das oft nicht funktioniert. Damit geht also ein Frust einher, dieser löst Stress aus und dieser triggert wiederum alte Bewältigungsmuster.

Unsere so oft und so stark idealisierte Art, als Paare zu leben, ist keine biologische Notwendigkeit, sondern eine soziale Norm, die sich mit verändernden Grundbedingungen der Gesellschaft auch weiter entwickeln wird. Aktuell werden die Zeiten der Zweierbeziehungen immer kürzer.

Ich stelle mich mit dem vorliegenden Buch gegen diesen Trend. Aus zwei Gründen: Weil es zum einen sehr zu Lasten der Kinder geht, die sich für viele Jahre in der zerrissenen Familie zurechtfinden müssen und aus meiner Sicht (psychotherapeutische Praxis) sehr darunter leiden. Zum anderen sehe ich eine Zweierbeziehung als großartige Möglichkeit zur persönlichen Weiterentwicklung beider Beteiligten. Dies kann allerdings nur gelingen, wenn das ewige Kreisen um die mitgebrachten Lebensthemen zur Ruhe kommt.

TEIL 4 - GEWOHNHEITEN ENTWICKELN

Wenn Sie alles mitgemacht haben, verfügen Sie inzwischen über mehrere Möglichkeiten, mit Problemen im Miteinander umzugehen. Vorbeugend können Sie Ihren Schlüssel zur Psyche anwenden und zusätzlich diese kleinen Techniken - und insbesondere Ihre eigenen Varianten davon - nutzen, um ganz schnell und immer wieder in ein gutes Gefühl zu kommen. Je häufiger gute Gefühle und innere Gelassenheit in Ihnen herrschen, umso weniger sind Sie in Gefahr, in alte Bewältigungsmuster zu rutschen und sich in sinnlosen Konflikten zu verlieren. Wenn Sie den ersten Band gelesen haben, wissen Sie bereits, wie Sie aus belasteten Momenten herauskommen und wie Sie zu noch laufenden oder ungelösten Konflikten eine innere Distanz herstellen können. Kommen wir jetzt zu der Frage, wie man aus dem Ganzen Gewohnheiten machen kann - als Gewähr dafür, dass die neuen Möglichkeiten auch noch in einigen Wochen zur Verfügung stehen beziehungsweise lang genug angewendet werden, um einen tiefgehenden und dauernden Wandel zu bewirken. Denn weil Menschen so sind, wie sie sind, hören viele bald wieder mit der fleißigen Arbeit an der eigenen Person auf, Schlüssel und FFT verschwinden wieder aus dem Alltag. Das kann jeder gut an seinen bisherigen vergeblichen Veränderungsversuchen nachvollziehen. Die guten Vorsätze vom Neujahrstag, die erfolglosen Versuche abzunehmen, die Wünsche nach Weiterbildung, neuer beruflicher Tätigkeit, neuem Hobby, neuen Freunden et cetera - alle wurden mit voller Entschlusskraft formuliert und sind dann doch im Alltag wieder untergegangen. Das ist bei den meisten keine Faulheit und auch kein Versagen, sondern ist eine ganz normale Reaktion unserer Psyche.

Bewusste Entscheidungen verbrauchen sehr viel Energie. Deshalb greift unser Gehirn vorrangig auf weniger energieaufwändige Lösungen zurück, also auf gewohnte Handlungen, sprich: Gewohnheiten. Wenn wir das zulassen, belohnt uns das Gehirn dafür auch mit der Ausschüttung körpereigene Opiate. Wir fühlen uns wohl und deswegen bleiben wir auch gerne bei unseren Gewohnheiten. Das ist grundsätzlich von großem Vorteil, weil man nicht über jeden Handgriff nachdenken muss. Es wird dann zum Nachteil, wenn die gewohnten Handlungen keine guten Handlungen sind.

Eine gewisse Zeit dürfen wir auch etwas Neues ausprobieren. Aber weil die eigene Psyche die vertrauten Routinen grundsätzlich für besser hält - weil sie weniger Energie kosten - wird uns unsere Psyche früher oder später in die gewohnten Richtungen zurück manipulieren. Wir verlieren das Interesse an dem Neuen, finden keine Zeit, uns damit zu befassen oder im Kopf entfalten sich mehr und mehr Gegenargumente.

Aber man kann etwas tun, man muss nur wissen wie. Jedes Mal, wenn wir einen Gedanken denken und eine Handlung vollziehen, finden diverse Prozesse im Gehirn statt. Ströme fließen und jede Menge Neurotransmitter werden ausgeschüttet. Gehirnzellen verbinden sich und Gehirnareale werden auf diese Weise »verdrahtet«. Je öfter man genau dasselbe tut, umso öfter werden die dazu gehörigen »Verdrahtungen« hergestellt. Das, was im Gehirn häufig vernetzt wird, bekommt für die eigene Psyche einen bevorzugten Stellenwert. Sie wird dies irgendwann automatisieren und von ganz allein - auch ohne bewusste Unterstützung - aufrufen. Denken und handeln wir immer wieder in gewohnter Weise, bekräftigen wir auf diese Art die vertrauten Strukturen. Denken und handeln wir dagegen in neuer, ungewohnter Weise, werden neue Verbindungen hergestellt. Wenn man das ausreichend lange und häufig tut, werden daraus irgendwann »automatisch« aufgerufene Verhaltensmuster.

Wie lange dauert es, neue Gewohnheiten aufzubauen?

Die Studie »How habits are formed« der Psychologin Philippa Lally vom University College in London aus dem Jahr 2009 kam zu dem Schluss, dass es im Durchschnitt 84 Tage braucht, bis eine gesundheitsrelevante neue Gewohnheit entstanden ist. Es wurde auch deutlich, dass sich wenig am Ergebnis änderte, wenn die Probanden mal einen Tag nicht funktionierten, solange sie am nächsten Tag weitergemacht haben. 96 Freiwillige hatten jeden Tag, zwölf Wochen lang, dokumentiert, ob sie eine neue, selbst gewählte Gewohnheit, wie zum Beispiel ein anderes Ess- oder Trinkverhalten, durchgeführt hatten oder nicht. Im Einzelfall variierte die Zeit bis zur Entwicklung einer neuen Gewohnheit in einer großen Spannbreite. Manche erreichten ihr Ziel bereits nach 18 Tagen, andere brauchten dagegen bis zu 254 Tage. Bisher war man davon ausgegangen, dass der Aufbau neuer Gewohnheiten nicht derart lange dauert. Gleichzeitig belegt die Studie, dass sich Gewohnheiten wirklich ändern lassen, allerdings gibt es nur einen Weg: Anfangen und durchhalten.

Aufgrund eigener Erfahrung und der aus der Arbeit mit meinen Klienten wage ich aber die These, dass neue Verhaltensweisen umso schneller zur Gewohnheit werden, je mehr sie positiv besetzt sind. Dinge, die einem wirklich am Herzen liegen, wird man öfter gerne machen und auftretende Widerstände leichter überwinden. Man bleibt also eher dran und hält auch länger durch. In dieser Hinsicht haben Sie mit Ihrem Schlüssel zur Psyche eine gute Ausgangsbasis. Sie werden jedes Mal, wenn Sie damit arbeiten, ein gutes Gefühl bekommen. Ähnlich ist es mit den kleinen Techniken und auch mit Feel Free. Wenn Sie es tun, geht es Ihnen besser als vorher, eine Belohnung ist sozusagen eingebaut.

Dennoch muss noch etwas hinzukommen, damit Sie auf dem Weg bleiben. Hier folgen einige wichtige Aspekte, die Sie unbedingt beachten müssen, um lange genug dranzubleiben.

Motivation

Ohne Motivation fehlt jeder Antrieb für Neues. Also motivieren Sie sich. Alles, was Sie gerade tun, dient dazu, ein sehr wichtiges Ziel zu erreichen. Sie wollen die eigene Partnerschaft befrieden, sie davor bewahren, zu scheitern und sicher steckt dahinter auch der Wunsch, eine gute Partnerschaft zu führen. Eine, die Ihnen gut tut und in der Sie gerne sind. Die Vorstellung, dieses Ziel zu erreichen, ist eine hervorragende Motivation. Malen Sie sich also Ihre erwünschten Ziele in den schönsten Farben aus. Sehen Sie sich als Paar in einer gänzlich anderen Zukunft. Liebevoll, friedvoll, entspannt und in genau der Weise miteinander umgehend, wie Sie es sich schon so lange wünschen.

Reden Sie darüber auch mit Ihrem Partner, bestärken Sie sich gegenseitig und unterhalten sich so oft wie möglich über diese großartige, von beiden angestrebte, gute Zukunft. Wenn Ihr Partner da nicht mitmacht, suchen Sie sich andere Gesprächspartner dafür. Hauptsache ist, dass Ihre Visionen Unterstützung finden. Alles was man nur mit sich alleine ausmacht, kann ganz schnell in die Mühlen der eigenen Psyche geraten. Zusammen mit anderen werden die Zukunftsbilder stärker.

Wenn Sie über die positive Zukunft nachdenken, lassen Sie es nicht allein bei den Gedanken. Steigen Sie auch gefühlsmäßig ein bisschen in Ihre Visionen ein. Malen Sie sich aus, wie es sich anfühlen wird, am Ziel zu sein. Das Mitspielen von Emotionen ist auch der Grund, warum man Kindern nicht die komplizierte Bedienung eines Handys oder von Computerspielen beibringen muss. Sie lernen es, weil sie Lust dazu haben und machen daraus sehr schnell und ohne Probleme neue Gewohnheiten.

Mit genügend Motivation kann man viel erreichen. Ich bin überzeugt, dass auch ein Siebzigjähriger noch Chinesisch lernen kann. Vielleicht nicht in einem Volkshochschulkurs, aber verliebt sich der alte Mann in eine Chinesin und zieht zu ihr in ihr Heimatdorf, wird er in einem halben Jahr die fremde Sprache gelernt haben - weil er dann mit Lust und Liebe bei der Sache wäre[7].

Druck

Bei so einem wichtigen Vorhaben ist es legitim, auch mit ein wenig psychischem Druck zu arbeiten. Etwas Druck hilft tatsächlich. Manche Menschen schaffen es erst, eine unangenehme Aufgabe anzugehen, wenn der Druck

---

7   Gefunden auf der Webseite von Kopp-Wichmann,
    https://www.persoenlichkeits-blog.de/article/197/
    was-sie-ueber-erkenntnisse-der-neurobiologie-unbedingt-wissen-sollten

hinreichend groß geworden ist. Vorher machen sie nichts, weil die eigene Motivation allein einfach nicht ausreicht. Ein gutes Beispiel dafür sind die staatlichen Bemühungen darum, die Gurt-Anschnallpflicht Anfang der achtziger Jahre des letzten Jahrtausends einzuführen. Viele Menschen entzogen sich dem und hielten es auch für behindernd, schädlich und vielleicht einfach nur für staatliche Regelwut. Erst nach der Einführung von Strafen für das Nichtanschnallen änderte sich das Verhalten der meisten Betroffenen.

Wie kann man bezüglich des eigenen Verhaltens im Miteinander Druck erzeugen? Zum Beispiel, indem Sie Ihren Freunden davon erzählen, was Sie gerade vorhaben. Prahlen Sie ruhig ein bisschen damit, was jetzt Neues in Ihr Leben einziehen wird. Erklären Sie den anderen, wie Sie zukünftig innerlich ruhig und gelassen sein werden, immer wieder auch ein Lächeln auf den Lippen haben und Ihre ungeliebten negativen Verhaltensweisen vermutlich nur noch selten auftreten werden. Jedes Mal, wenn Sie diese Freunde wieder treffen, werden Sie - vielleicht auch von ihnen - daran erinnert, was Sie sich vorgenommen haben.

Noch stärker ist die Wirkung, wenn auch die Freunde ihre eigenen Ziele entwerfen und sich alle gemeinsam gegenseitig in den neuen Denk- und Verhaltensweisen unterstützen und motivieren.

Druck könnte auch dadurch entstehen, dass Sie sich eine Zahl als Grenze setzen, wie oft zum Beispiel nach Ablauf einiger Wochen bestimmte Verhaltensweisen auftreten. Vermeiden Sie es aber, ungeliebtes Verhalten »nie mehr« zeigen zu wollen. Denn wenn der Druck zu groß wird, kann er schnell das Gegenteil bewirken und vielleicht geben Sie ganz auf. Es wäre auch unrealistisch. Gewohnte Verhaltensweisen bleiben sehr lange Zeit erhalten. Menschen, die irgendwann mal eine Alkoholsucht entwickelt hatten, müssen Zeit ihres Lebens wachsam sein, dass diese nicht wiederkehrt. Aber es reicht auch, eine kleine Zahl für die noch stattfindenden Patzer einzusetzen. Wenn Sie sich vorher an jedem Tag in der Woche mit Ihrer Partnerin um etwas gestritten haben, dann reicht es, wenn Sie sich vornehmen, dass das jetzt maximal an zwei Tagen pro Woche geschieht. In weiteren Ausbauschritten können Sie das ja zukünftig noch verbessern und vielleicht in einer fernen Zukunft auf maximal eine Situation pro Monat oder sogar noch seltener herunterschrauben.

Echter Druck entwickelt sich aus so einer Vorgabe allerdings erst, wenn Sie Konsequenzen vereinbaren, die dann eintreten, wenn Sie es nicht schaffen, Ihr Ziel zu erreichen. Wählen Sie irgendetwas Ungeliebtes als Strafe. Irgendetwas, was Ihnen wirklich keinen Spaß machen wird. Zum Beispiel, etwas zu putzen, zu räumen, zu ordnen oder was sonst zu tun ist. Legen Sie es fest und schreiben es sich auf. Besser ist es, wenn Sie das unter Zeugen tun und noch besser, wenn es eine Strafarbeit ist, die Sie für andere tun müssen. Diese anderen werden dann sehr genau darauf achten, ob Sie die vorgenommenen Ziele erreichen oder nicht.

Drei Stufen: Auslöser, Gewohnheit, Belohnung

Zum Errichten neuer Gewohnheiten macht es Sinn, darauf zu schauen, wie das Gehirn mit den schon vorhandenen Gewohnheiten umgeht und wie diese aufrechterhalten werden.

Wir können drei Stufen unterscheiden:[8]

---

8   Charles Duhigg, Die Macht der Gewohnheit: Warum wir tun, was wir tun, 2012

1. Zunächst scannt das Gehirn ständig den Sinnesinput nach *Auslösereizen*, die eine Gewohnheit auslösen können. Erkennt es so einen Auslösereiz oder Trigger, wird die dazu passende Gewohnheit aktiviert. Wenn wir abends in Richtung Schlafzimmer gehen, wird die Zahnputz-Gewohnheit aufgerufen und wir biegen ins Badezimmer ab. Das Gehirn schaltet dazu in einen automatischen Modus um.

2. Nun führen wir eine *Routine* aus, die sowohl körperlicher, als auch mentaler oder emotionaler Natur sein kann. Zum Beispiel putzen wir jetzt unsere Zähne - ohne weiter darüber nachzudenken.

3. Zum Schluss folgt dann eine *Belohnung*. Tun wir etwas, was das Gehirn bereits kennt, verstärkt es dieses Verhalten: Es schüttet Botenstoffe aus, durch die wir uns besonders wohl fühlen. Beim Zähneputzen erfolgt diese Belohnung vielleicht über das gute Gefühl, glatte, saubere Zähne zu haben.

Ist die Belohnung groß genug, dann wird diese dreistufige Schleife immer mehr automatisiert. In gewisser Hinsicht sind Gewohnheiten wie kleine Süchte. Wenn wir die Erfahrung machen, dass ein bestimmtes Verhalten zu einer Belohnung führt, wiederholen wir es möglichst oft[9]. Damit wäre auch geklärt, was es braucht, damit eine bestimmte Handlung zur Gewohnheit wird. Es sind zwei Dinge: ein Auslösereiz und eine Belohnung.

Belohnung

Belohnungen helfen dabei, am Ball zu bleiben. Belohnen Sie sich daher nach jedem Erfolg. Machen Sie sich dafür zuerst klar, was für Sie ein Erfolg wäre. Im Moment haben

---

9 Gefunden auf: https://www.zeit.de/zeit-wissen/2013/02/Psychologie-Gewohnheiten/komplettansicht, am 11.6.18

wir es gerade mit zwei Zielbereichen zu tun:

1. Da ist das große Ziel, die eigene Partnerschaft zu stabilisieren und zu erreichen, zukünftig vollkommen anders mit den gegebenen Problemen umgehen zu können. Sie wollen also Ihr Verhalten im Miteinander verändern. Hier gibt es ganz bestimmte belastende Situationen und Momente, in die Sie zukünftig weniger und weniger geraten wollen. Wenn Sie hier etwas erreichen, muss das natürlich unbedingt belohnt werden.

2. Um das Verhalten im Miteinander zu verändern, geht es zunächst um kleinere Ziele. Dazu müssen Sie andere Gewohnheiten installieren, also mit dem eigenen Schlüssel regelmäßig üben und auch die kleinen Techniken (lächeln, tief ausatmen et cetera) zum Ausstieg aus belasteten Momenten immer wieder anwenden. Wer schon Band eins gelesen hat, hat zusätzlich die Aufgabe, auch mit FFT zu arbeiten und außerdem Zwiegespräche zu führen. Wenn Ihnen diese Vorstufe gelingt, wird es auch etwas mit dem Hauptziel. Der Aufbau der Vorstufe braucht auch Belohnungen, diese gibt es aber für etwas anderes als bei den Hauptzielen.

Bezogen auf das große Ziel könnte ein größerer Erfolg beispielhaft darin bestehen, dass Sie in einer schwierigen Situation nicht wie sonst emotional sofort auf 180 gehen, sondern zumindest noch zuhören können. Die Vorarbeit betreffend können Sie es als einen kleinen Erfolg betrachten, wenn Sie merken, dass Sie sich, ohne darüber nachzudenken, körperlich aufgerichtet und ein Lächeln aufgesetzt haben - also das regelmäßige Üben der kleinen Techniken tatsächlich funktioniert. Auch eine ungeplante freundliche Haltung gegenüber sich selbst oder dem Partner sollte als Erfolg gesehen werden, falls das für Sie nicht sowieso Alltag ist. Als einen etwas größeren Erfolg sollten Sie es verbuchen, wenn Sie es geschafft haben, eine ganze Woche lang mindestens einmal

Ihren Schlüssel zur Psyche aufgerufen zu haben.

Erstellen Sie sich am besten eine Liste von Verhaltensweisen, die Sie im Moment als positive Leistung sehen und eine zweite Liste über die Fernziele, die Sie anstreben. Überlegen Sie sich dann, was für Sie für welche Leistungen eine stimmige Belohnung sein könnte. Was ist eine kleine und was ist eine große Belohnung? Beachten Sie bitte, dass insbesondere die kleinen Belohnungen auch leicht durchführbar sein müssen. Gerade bei den kleineren Schritten - die vermutlich öfter gegangen werden - muss die Belohnung auch in Reichweite sein - umso besser, wenn es sich um etwas Immaterielles wie eine Pause handelt. Machen Sie sich klar, woran Sie merken können, dass Sie es bis in die Nähe Ihres großen Zieles geschafft haben, also ein Teilziel erreicht haben? Wie könnten Sie sich dafür belohnen? Wie für die Teilziele, wie für die großen Ziele?

Beispiele für Belohnungen:

Klein:

- Alles, was einem gut tut: Eine kleine Arbeitspause, einen Tee/Kaffee/Wasser/ ... trinken, ein paar Minuten mit einem lieben Menschen telefonieren, ein paar Schritte spazieren gehen. Für manche ist es auch belohnend, etwas auszumalen[10], der Katze ein paar Streicheleinheiten zu geben oder kurz mit dem Hund zu spielen. Andere lösen eine Runde Sudoku oder spielen ihr Lieblingsspiel. Vielleicht tut auch etwas Bewegung gut - ein oder zwei Yoga-Übungen, ein kleines Tänzchen zu der richtigen Musik, eine Entspannungsmeditation, ein paar Seiten im aktuellen Schmöker, faulenzen, ein Sonnenbad nehmen,

---

10 Die Idee habe ich auf der Webseite von www.solittletime.de gefunden. Dort wird auch eine Liste von Ausmalbüchern empfohlen, siehe hier: https://solittletime.de/schoenste-achtsamkeits-malbuecher-erwachsene

sich besonders anziehen, sich Blumen kaufen ...

Mittel

• Sich etwas gönnen: ein Bad nehmen, zum Sport gehen, eine Runde Rad fahren, etwas Schmackhaftes essen, eine Kleinigkeit einkaufen (Kleidung, Buch, Parfüm, Creme, Kosmetik, ...), Zeit mit jemandem verbringen, mal wieder Tanzen gehen, einen Ausflug machen, Sex, ...

Groß

• Eine besondere Auszeit, ein Ausflug an einen schönen Ort, ein paar Tage Urlaub - bei großen Erfolgen auch ein bisschen weiter weg, eine Party geben, eine neue Handtasche, das neue Handy oder eine größere Anschaffung tätigen - was immer das Herz begehrt und der Geldbeutel zulässt oder ...

Achten Sie auf die Belohnungen und seien damit bitte genau. Denken Sie daran, dass unsere unbewusste Psyche auch mit einer Belohnung aufwartet (körpereigene Opiate), falls Sie in die alten Muster einsteigen. Belohnen Sie sich also für alles, was an neuen Handlungen gelingt. Mal mehr als zwei Sätze miteinander ruhig gesprochen zu haben, einen Streit nicht eskalieren zu lassen, keine Beleidigung ausgesprochen zu haben, anders als sonst mal etwas Positives gesagt zu haben, die kleinen Techniken oder Ihren Schlüssel angewendet zu haben und so weiter. Bezugspunkt für die Belohnung ist immer die Zielvorstellung. Alles, was dazu beiträgt, wird immer und immer wieder belohnt.

Auslösereiz - ankoppeln an andere Gewohnheiten

Kommen wir zum zweiten Punkt, der für neue Gewohnheiten wichtig ist. Dem Auslösereiz. Wir brauchen etwas, eine Handlung, ein Geschehen, einen Zeitpunkt, an den Sie Ihr neues Verhalten ankoppeln können, so dass es gewiss auch durchgeführt wird. Sagen Sie jetzt nicht, dass Sie das schon rechtzeitig mit Ihrem Willen in die Wege leiten werden. Die eigene Willenskraft ist einfach zu begrenzt und wäre insgesamt auch überfordert. Wer nur auf den eigenen Willen setzt, hat schon nach wenigen Tagen verloren. Die Frage ist also, was in Ihnen die Routine auslösen könnte, etwas von den neuen Verhaltensweisen aufzurufen.

Es gibt fünf Kategorien von Auslösereizen[11], die uns dabei dienen können:

- Standort

- Uhrzeit

- Emotionaler Zustand

- Andere Menschen

- Unmittelbar vorangehende Handlung.

Die neuen Gewohnheiten, die Sie in Ihrem Leben einrichten wollen, müssen Sie also an eine dieser Kategorien ankoppeln. Sie müssen diese zu einer bestimmten Uhrzeit, an einem bestimmten Ort, in einer genau umrissenen Stimmung, beim Treffen von bestimmten Menschen oder als direkte Folge einer anderen Handlung, am besten einer anderen Gewohnheit, durchführen.

Detlef Beeker spricht hier treffend von Stapelgewohnheiten[12] und verbindet damit die Aufforderung, mehrere Gewohnheiten aufeinander zu stapeln, also eine auf die andere folgen zu lassen. Zu der gewohnten Tasse

---

11 Charles Duhigg, Die Macht der Gewohnheit: Warum wir tun, was wir tun, 2012

12 Beeker, Detlef. Freudvolle Achtsamkeit: 50 Gewohnheiten, um glücklich im Hier und Jetzt zu leben, Kindle-Version (Kindle-Positionen 467-474).

Kaffee kommt jetzt noch eine neue Handlung dazu. Beeker unterscheidet davon die Trigger-Gewohnheiten, die an bestimmte Auslöser oder Situationen geknüpft werden. Also beispielsweise so etwas wie: Jedes Mal, wenn mich meine Freundin so vorwurfsvoll anspricht, werde ich zuhören, dabei tief ausatmen, lächeln und sie dann freundlich fragen, was ich jetzt gerade für sie tun kann - anstatt wie sonst beleidigt zurück zu schimpfen. Auf den Auslöser folgen jetzt zwei Minitechniken (tief ausatmen, lächeln) und dann eine neue Weise der Kommunikation.

Für etwas, das Sie regelmäßig - unabhängig von der aktuellen Beziehungssituation - üben wollen, wie zum Beispiel Ihren Schlüssel zur Psyche, sollten Sie Stapelgewohnheiten nutzen. Oben waren bereits Orte und Umstände genannt worden, die als Auslösereiz infrage kommen. Zum Beispiel Momente, in denen Sie nur herum sitzen und nichts zu tun haben und bisher aus Langeweile zum Handy oder zu einem Buch gegriffen haben, wie beim Sitzen in öffentlichen Verkehrsmitteln oder beim Warten auf einen Termin. Vielleicht kennen Sie es, ab und zu eine kleine Pause zu machen, einfach nur da zu sitzen, einen Tee zu trinken oder eine Zigarette zu rauchen (das können Sie sich bei der Gelegenheit vielleicht gleich mit abgewöhnen). Wenn das ein bestimmter Ort ist, wird dieser zum Auslösereiz bestimmt. Wenn es eine bestimmte Uhrzeit ist, gibt diese den Takt vor. Aber vergessen Sie nicht, sich jedes Mal auch zu belohnen, wenn Sie es geschafft haben, mit Ihrem Schlüssel zu üben. Das gute Gefühl, welches Sie dabei bekommen, ist schon eine Belohnung, aber geben Sie noch ein kleines Extra, indem Sie zu guter Letzt bewusst lächeln, sich die Hand als Zeichen der Verbindung zu sich selbst auf das Herz legen, sich selbst anerkennend auf die Schulter klopfen oder über die Wange streicheln (siehe Teil 5).

In Teil 6, Abschnitt: »Die Gegenwart neu etikettieren« finden Sie übrigens noch eine Übung, die Ihnen dabei helfen kann, mehr oder weniger automatisch an einem bestimmten Ort in Ihre Schlüsselszene hinein zu finden.

Eine Trigger-Gewohnheit könnte es zum Beispiel werden, nach jeder belastenden Begegnung mit dem Partner mindestens einen Durchgang FFT (in Band 1 vermittelt) zu durchlaufen. Alternativ sollten Sie die kleinen Techniken aus Teil 1 und Teil 5 anwenden, um zumindest für einen Moment aus dem psychischen Stress herauszukommen.

Als Trigger für die kleinen Techniken kommen sehr viele Möglichkeiten infrage. Jedes Mal, wenn Sie durch eine bestimmte Tür gehen, könnten Sie dies damit verbinden. Das kann die Tür zum Büro sein, genauso gut wie Ihre Haustür. Probieren Sie aus, was Ihnen beim Überschreiten dieser Grenzlinie am besten hilft, in eine angemessene Stimmung zu kommen. Geben Sie Ihrer Psyche eine Vorgabe, wie Sie sich jenseits dieser Tür fühlen wollen. Wenn Sie gerade von der Arbeit kommen und Ihnen zu Hause Ihre Freiheit besonders wichtig ist, können Sie, zusätzlich zu dem Lächeln und dem tiefen Atemzug, gleichzeitig mit einem körperlichen Aufrichten auch zu sich selbst so etwas sagen, wie: „Hier bin ich frei", um dann mit einem tiefen, erleichterten Seufzen Ihr Zuhause zu betreten.

Weiter unten - in Teil fünf, Abschnitt: »Kleine Techniken - für die eigene Person angepasst«, zeige ich, wie Sie aus Ihrer Schlüsselszene kleine Techniken, die wunderbar auf Sie selber zugeschnitten sind, entnehmen können. Diese sind besonders gut für solche Momente geeignet. Auf diese Weise entstehen zusätzliche Möglichkeiten, die Erlebnisqualität, die Ihre Schlüsselszene bereitstellt, in Ihr Leben zu bringen.

Rückschläge einkalkulieren

Überlegen Sie sich auch im Vorfeld, wie Sie mit dem Ganzen umgehen wollen, falls Sie nicht mehr weiterkommen und sich vielleicht sogar wieder endlos in Partnerschaftsproblemen verfangen. Aufgeben, alles hinwerfen und vielleicht sogar die Trennung angehen? Lieber nicht. Weil die Aufgabe nicht ganz einfach ist und es um ziemlich grundlegende Änderungen (Lebensthema) geht, sollten Sie auf jeden Fall Rückschläge einkalkulieren und auch damit rechnen, dass es Phasen gibt, in denen es mal nicht so gut läuft.

Ein Notfallplan sollte auf jeden Fall beinhalten, dass Sie sich das Stagnieren nicht gegenseitig vorwerfen. Vielmehr sollten beide sich erst einmal bemühen, auf irgendeine Weise den Stress herauszunehmen - denn oft scheitern Paare nur, weil sie mal wieder in den Alltagsbelastungen untergegangen sind. Nehmen Sie das also als Anlass, eine Auszeit zu machen. Unterbrechen Sie für ein paar Stunden, ein Wochenende oder für einen kleinen Urlaub, um sich wieder zu besinnen und wieder zueinander zu finden. In Band 1 habe ich eine spezielle Form von Gesprächen, die sogenannten Zwiegespräche[13], eingehend dargestellt. Auf diese sollte man als Paar in allen schwierigen Situationen zurückgreifen und sie dann nicht nur einmal, sondern wenigstens für einige Wochen hintereinander durchführen.

Das Ziel in kleine Schritte unterteilen

Nehmen Sie sich nicht zu viel auf einmal vor. Sie haben einen großen Gegner - Ihre unbewusste Psyche, jahrelang darin geübt, Sie genau zu der Person gemacht zu haben,

---

13 Eine besondere Gesprächsform, die Michael Lukas Moeller entwickelt hat. Moeller, M.L., Die Wahrheit beginnt zu zweit: Das Paar im Gespräch, 2010

die Sie gerade sind. Wenn Sie es nicht schaffen, Ihre Schlüsselszene jeden Tag mit ganzer Hingabe zu üben, dann war dieser Schritt vielleicht zu groß. Dafür gibt es die kleinen Techniken aus dem ersten und dem fünften Kapitel. Arbeiten Sie zunächst dann nur mit diesen. Nehmen Sie sich vor, jeden Tag wenigstens dreimal zu lächeln oder einen speziellen körperlichen Aspekt Ihrer Schlüsselszene durchzuführen. Wie Sie diese identifizieren, steht ebenfalls im fünften Kapitel.

Dokumentieren Sie Ihre Erfolge!

»Nichts motiviert mehr als der Erfolg!« lautet ein altes Sprichwort. Dokumentierte Erfolge zählen mehr - zumindest bei vielen Menschen. Wenn das für Sie gilt, führen Sie Protokoll und verzeichnen darin Ihre absolvierten Einheiten und Erfolge. Vielleicht gibt es einen Kalender, in dem Sie immer wieder ein Sternchen für alle Momente eintragen, in denen Sie absichtsvoll eine kleine Technik angewendet haben. Ein etwas größeres Symbol steht für eine kleine Meditation, in der Sie in Ihre Schlüsselszene eingetaucht sind. Jedes Mal, wenn Sie an Ihrem Erfolgsjournal vorbeikommen, werden Sie erinnert, dass Sie auf dem Weg der Veränderung sind und Sie werden stolz sein auf das, was Sie schon geleistet haben.

TEIL 5 - 20 KLEINE TECHNIKEN

Hier folgen noch zwanzig der kleinen Techniken, die Ihnen dabei helfen können, auf kurzem Wege direkt aus einem belastenden Gefühl herauszufinden. Da der unbewusste Rückgriff auf ärgerliche Verhaltensmuster aus der eigenen Kindheit insbesondere unter Stress erfolgt, reicht es manchmal schon, etwas aus dem Stress heraus zu kommen.

Kleine Techniken 1 - 10

1. Berührung

Berührung ist eine leichte Möglichkeit, Stress allein über die körperliche Schiene herunterzufahren. Das kann jemand anderes machen, aber es funktioniert auch, wenn man sich selbst berührt. Nehmen Sie sich selbst in den Arm, umfassen mit Ihren Händen die Oberarme, oder mit einer Hand die andere. Sie können eine Hand auf eine Schulter legen, oder - wenn gerade niemand schaut - auch zart über den eigenen Kopf streichen oder den Oberarm ein bisschen fester greifen, so als wollte man einem guten Freund körperlich mitteilen, dass man ihn mag. Hier ist es genauso wie beim Lächeln. Sicher gibt es Seiten in Ihnen, die das Ganze anzweifeln und sich dem lieber entziehen wollen. Aber gleichzeitig gibt es andere Seiten, die diese Berührung als wohltuend erleben, so als würde jemand anderes es tun. Und das löst positive Prozesse aus und hilft, den inneren Stresszustand zu mindern oder gänzlich zu verlassen.

2. Lachen

Bei den kleinen Techniken in Teil 1 hatten wir schon über das Lächeln und seine positive Wirkung gesprochen, das Lachen hat eine noch viel tiefer gehende Wirkung auf den Körper und damit auch auf die Psyche. Wer regelmäßig lacht, verbessert seine Selbstheilungskräfte, stärkt seine Lebensfreude und verbessert sein Wohlbefinden sagt Michael Tietze von HumorCare[14], einem Verein, der die wissenschaftlich fundierte Anwendung von Humor in klinischen, psychosozialen, pädagogischen und beratenden Berufen fördert. Der US-amerikanische Psychologe Paul McGhee, einer der Vorreiter der Lachforschung, zeigte, dass Lachende unempfindlicher auf Schmerzen reagieren. Der Neuro-Immunologe und Universitätsprofessor Lee Berk aus Kalifornien fand in einer Diabetiker-Studie heraus, dass Lachen den Stoffwechsel positiv beeinflusst. Und er zeigte, dass beispielsweise eine halbe Stunde Lachen die Stresshormone im Blut deutlich reduziert.

Nun hat man nicht immer eine halbe Stunde Zeit, aber vielleicht reicht es für den einen oder anderen lauten Lacher. Dabei muss einem nicht unbedingt wirklich zum Lachen zumute sein. Die vielen Veranstaltungen der Lachyoga-Bewegung leben nicht von den Witzen, die dort erzählt werden, sondern allein von der Körperbewegung, die aktiv initiiert wird. Stoßweises Ausatmen mit entsprechenden Geräuschen und Bewegung von Schultern, Bauch und Oberkörper. Auch wenn das etwas Künstliches hat und damit

---

14 Michael Titze, Psychoanalytiker, Psychotherapeut und
   Gründungsvorsitzender von HumorCare Deutschland-Österreich

nicht so tief greift, wie ein richtiges, herzliches Gelächter aus einem entspannten, fröhlichen Grundzustand heraus, kann es einen dennoch aus der eben noch dominierenden Last heraus bewegen. Wenn man gedanklich mitgeht und einem vielleicht sogar ein Witz einfällt, den man großartig fand oder man sich an eine witzige Situation oder einen großartigen Moment erinnert, kann das künstliche Lachen vielleicht sogar in ein echtes Lachen übergehen.

3. Hand aufs Herz

Es gibt mehrere Möglichkeiten, was wir mit dieser Geste - eine Hand liegt auf dem Brustkorb über dem eigenen Herzen - bewirken wollen. Zum einen geht es darum, die eigene Aufmerksamkeit zielgerichtet zu lenken. Sie sollen Ihre Hand spüren und genauso den Körper darunter und so einen Kontakt zu Ihrem Herzen herstellen. Das Herz ist auch ein Sinnbild für die eigene Lebendigkeit. Wenn wir sagen, dass etwas von Herzen kommt, meinen wir damit, dass es aus unserem Innersten kommt und daher wahrhaftig und ehrlich gemeint ist. Sie stellen also einen Bezug zu Ihrem eigenen Innersten her.

Man kann mit dieser Geste auch etwas kommunizieren. Wenn ich meinem Partner mit dieser Geste begegne, weiß er, dass ich in Frieden komme. Ich möchte keinen Krieg, keine Auseinandersetzung, möchte von Herzen den Bezug wiederherstellen und eine ehrliche und aufrichtige Lösung für die laufenden Konflikte finden.

4. Sich mit Gesten Luft verschaffen

Wenn einem jemand anderes leibhaftig zu nahe kommt, hat man automatisch den Impuls, entweder selber ein Stück zurück zu gehen, sich etwas zurück zu lehnen oder den anderen von einem wegzuschieben. Das macht man auch dann, wenn einem der andere mit Worten zu nahe getreten ist. Auch wenn die andere Person überhaupt nicht mehr anwesend ist, hilft es, sich in so einem Fall mit einer großen Geste - also einer Bewegung von Händen und Armen - Raum zu schaffen. Das hat eine positive Wirkung auf die eigene Psyche. Eine mögliche Geste könnte so aussehen: Nehmen Sie beide Hände mit den Handflächen nach vorne (von sich weg zeigend) vor die Brust und schieben Sie die Hände dann mit einem deutlichen Impuls von sich. Am besten noch mit einem kräftigen Ausatmen verbunden.

Eine andere Variante geht so: Wieder sind die Handflächen nach außen gerichtet, diesmal zeigen die Hände aber schräg nach oben, die Arme dabei nach oben beinahe ausgestreckt. Wenn Sie jetzt mit den Händen und Armen nach unten fahren, so als würden Sie sich abschirmen oder den eigenen Raum jemand anderem deutlich machen wollen, bekommen Sie auch innerlich mehr Raum. Stellen Sie sich vor, dass Sie mitten in einem eiförmigen Behälter stehen und Sie von innen dessen Wände entlangfahren. Tun Sie das in alle Richtungen, so als würden Sie sich oder anderen Ihren persönlichen Schutzraum deutlich zeigen wollen.

Wie immer wirkt das, was wir tun, auch auf uns selbst zurück. Indem wir den Raum deutlich machen, wird er auch uns selbst gewahr. Probieren Sie verschiedene Varianten. Nehmen Sie wahr, welche Bewegungen und welche Bewegungsrichtungen Ihnen besonders gut tun beziehungsweise gefallen.

5. Brabbeln

Beginnen Sie damit, unsinnige Laute von sich zu geben, zum Beispiel «Blu, Bla, Bli, Blum», und machen Sie so lange weiter, bis unbekannte, wortähnliche Laute entstehen.

Lassen Sie die Laute einfach kommen. Vielleicht stellen Sie sich vor, Sie würden jemandem etwas in einer außerirdischen Sprache mitteilen. Vielleicht »reden« Sie genau über das, was Sie gerade belastet.

6. Brabbeln - Steigerung 1

Für eine Steigerung stehen Sie auf und brabbeln weiter und erlauben jetzt Ihrem Körper, sich im Einklang mit den Lauten zu bewegen. Lassen Sie Ihren Körper selber entscheiden, was gerade an Bewegungen stimmig ist.

7. Brabbeln - Steigerung 2

Eine weitere Möglichkeit besteht darin, mit dieser Übung richtig Dampf abzulassen. Laufen Sie umher, hüpfen, springen, führen Reden, bewegen sich. Bringen Sie alles in Schwung und raus damit. Diese Übung heißt Gibberish und stammt wie die beiden Vorübungen von dem indischen spirituellen Lehrer Osho, der auch als Bhagwan Shree Rajneesh bekannt ist. Benutzen Sie aber keine Sprache, die Ihnen bekannt ist. Sprechen Sie einfach wirres, unnützes Zeug und bringen darin alles an Emotionen unter, was gerade da ist.

8. Brabbeln - Variante Tierlaute

Nutzen Sie beim Brabbeln keine Laute einer Nonsens-Sprache, sondern Tierlaute. Muhen und miauen Sie, wie es Ihnen gerade einfällt.

9. Gehen - Gedanken kreisen lassen

Gehen Sie einfach los, zu Fuß, ohne irgendetwas mitzunehmen. Sie brauchen nichts weiter als sich selbst. Denken Sie nicht darüber nach, setzen Sie einfach ein Bein vor das nächste und überlassen sich ganz diesem Prozess. Lassen Sie dabei Ihre Gedanken weiter um das herum kreisen, was Sie gerade beschäftigt beziehungsweise belastet. Allein die Tatsache, dass Sie beim Denken auch gehen, führt dazu, dass Ihr Gehirn in einer effektiveren Weise mit dem Gedankenstoff umgeht. Haben Sie schon einmal etwas von EMDR gehört? Eine traumatherapeutische Methode, bei der es wesentlich ist, eine Links-Rechts-Stimulation des Gehirns zu erzeugen. Ursprünglich wurde diese dadurch erreicht, dass der Therapeut eine Hand vor den Augen des Patienten horizontal hin und her bewegt hat. Die Therapie heißt daher bei einigen etwas abschätzig »Wedel-Technik« oder »Winke-Winke-Technik«. Diese Links-Rechts-Stimulation wird auch durch das Gehen ausgelöst. Der stete Wechsel von einem Bein auf das andere macht mit dem Kopf genau dasselbe. Die Links-Rechts-Stimulation erzeugt im Gehirn einen besonderen Verarbeitungszustand. Ich selbst habe den Eindruck, als würde das Gehirn gleichzeitig auf mehreren Ebenen arbeiten, während es ohne diese Beeinflussung eher eindimensional unterwegs ist. Wenn Sie einfach nur gehen, machen Sie mit sich selbst so etwas wie EMDR. Sie brauchen nur gehen und sich dem Gedankenfluss zu überlassen, der sich von ganz alleine in Ihrem Kopf entfaltet. Mit einem winzigen Teil Ihrer Aufmerksamkeit nehmen Sie gleichzeitig die Links-Rechts-Aktivität Ihrer Beine wahr. Gehen Sie so lange, bis Sie sich im Kopf klarer fühlen. Das kann unter Umständen auch etwas dauern, aber viel mehr als etwa 90 Minuten brauchen vermutlich nur wenige.

10. Gehen - von den Gedanken ablenken

In der zweiten Geh-Variante nutzen wir es als Mittel zur Ablenkung. Richten Sie Ihre Sinne ganz bewusst auf Ihre Umgebung. Nehmen Sie wahr, was sich um Sie herum abspielt. Lassen Sie sich ablenken, das ist das Ziel. Eine zusätzliche Aufgabe besteht darin, sich selbst wahrzunehmen.

Spüren Sie die Bewegung Ihres Körpers. Nehmen Sie Ihren Atem wahr. Registrieren Sie, wie Ihr sich bewegender Körper in der Umgebung vorwärts strebt. Machen Sie das so lange, bis Sie das Gefühl haben, jetzt vollkommen bei sich selbst beziehungsweise in Ihrer Umgebung angekommen zu sein.

Exkurs: Kleine Techniken - angepasst

Gleich folgen noch weitere dieser einfachen Techniken. Hier möchte ich Ihnen zwischendurch die Anregung dafür geben, wie Sie so eine Technik genau auf sich selbst zuschneiden können. Denn nicht jede dieser Aufgabe wirkt bei jedem gleich. Manches geht an den eigenen individuellen Bedingungen vorbei und dann nutzt es nichts, dass es bei vielen anderen wunderbar funktioniert. Aber Sie kennen sich inzwischen schon hinreichend aus. Sie haben nach Ihrem Lebensthema gesucht und vielleicht auch schon einen eigenen Schlüssel zu Ihrer Psyche gefunden. Mit diesem Material müsste es leicht sein, einige angepasste kleine Techniken zu erstellen.

So geht das!

Weil der Körper und die Psyche so dicht miteinander verwoben sind, muss man nur beobachten, was in einem innerlich und äußerlich abläuft, wenn man sich gut fühlt. Dabei entdeckt man dann vielleicht, dass man in einem guten Moment körperlich eher aufgerichtet und entspannt ist. Die Schultern sind etwas zurückgenommen, was auch damit einhergeht, dass die Lunge mehr Raum bekommt und der Atem etwas tiefer geht. In so einem Moment erlebt man die Welt als guten Ort und wird entsprechend darüber denken und reden, zum Beispiel mit Worten: das gefällt mir, es geht mir gut, ich freue mich, hier zu sein, schön, diesen

Moment zu erleben.

Körperhaltung, Spannungsniveau, Gedanken und so weiter ... Wenn es einem nun nicht so gut geht und man sich dann etwas aus den guten Momenten sozusagen »überstülpt« - also eine aufgerichtete Haltung einnimmt, die dazu gehörige Atmung und die Gedanken übernimmt, kann sich die eigene Psyche kaum entziehen und wird schnell in eine gute Stimmung zurückfinden.

Die Aufgabe heißt jetzt also, noch einmal in die eigene Schlüsselszene einzusteigen und in den Körper hinein zu fühlen, was sich darin alles gerade verändert und in welcher Richtung diese Veränderung stattfindet. Vielleicht finden Sie dabei auch etwas aus den ersten drei kleinen Techniken wieder. Das innere Aufrichten, vielleicht das Lächeln, und sicher wirkt Ihr Schlüssel auch irgendwie auf Ihren Atem. Konzentrieren Sie sich für einen Moment auf nur einen einzigen Aspekt der positiven körperlichen Veränderungen (Mimik, Gestik, Haltung, Atem, Spannungszustand, ...) und versuchen für sich festzuhalten, wie sich das anfühlt. Spielen Sie damit, variieren es und machen sich dadurch umso mehr klar, was genau für Sie gerade am besten wirkt.

Beispiel:

Zu ihrem Schlüsselerleben gehört bei Susanne, sich in diesem Moment - anders als sonst - vollkommen frei zu fühlen. Bei der Aufgabe, den Schlüsselmoment genauer zu studieren, bemerkt sie sofort, dass sie jetzt tiefer einatmet als vorher. Der eigene Brustkorb bietet mehr Raum, weil sie die Schultern etwas mehr zurückgenommen und die Brust gleichzeitig ein wenig nach vorne geschoben hat. In diesem Zustand unterstreicht sie alles, was sie sagt, mit einer weit ausholenden Gestik. Sie erlebt es so als ob: „meine Arme fliegen und ich endlich den Raum habe, den ich für mich brauche."

Susanne nimmt sich aus der hier gestellten Aufgabe zwei kleine Techniken heraus. Zum einen ist es die Öffnung des Brustkorbes nach vorn und die damit einhergehende Weitung des Raumes für ihre Lunge verbunden mit einem gleichzeitigen tiefen Einatmen. Als zweites ist es ein »Herumwedeln« mit ihren Armen. Normalerweise hält sie die Arme dicht am Körper und spricht ohne jede Bewegung von Armen oder Händen. Jetzt nimmt sie sich einfach nur vor, jeden Satz mit großer Gestik zu unterstreichen. Manchmal hilft es ihr auch, ganz ohne Worte einfach nur die Arme durch den Raum fliegen zu lassen.

Kleine Techniken 11 - 20

Wir machen weiter mit den kleinen Techniken, hier kommt Nummer 11.

11. Den Atem zählen

Mit dem Atem kann man noch mehr machen, als nur tief mit einem Seufzer auszuatmen (siehe weiter oben). Wer bereits weiß, dass die meisten belastenden Gefühle etwas damit zu tun haben, dass wir innerlich nicht im gegenwärtigen Moment sind, sondern uns auf etwas irgendwo in der Vergangenheit oder in der Zukunft beziehen, wird ahnen, wieso es in belasteten Momenten hilft, die eigenen Atemzüge zu zählen. Das funktioniert, weil die dazu notwendige Konzentration uns zwingt, in der Gegenwart anzukommen. Sind wir hier, können wir nicht gleichzeitig woanders sein - Multitasking kann unser Gehirn nicht. Aber es kann sehr schnell wieder umschalten, weshalb wir diese Aufgabe nicht nur drei Sekunden, sondern eher drei Minuten oder länger ausführen sollten. Solange, bis wir zumindest ein Stück

Distanz zu den belastenden Gefühlen haben.

Richten Sie Ihre Konzentration dazu auf Ihren Atem. Je mehr Sie von dem ganzen Prozess der Atembewegung wahrnehmen, umso eher steigen Sie aus Ihren belastenden Gefühlen aus. Ich empfehle, beim Einatmen den kühlenden Luftstrom in der Nase wahrzunehmen und jedes Ausatmen zu zählen. Atmen Sie so schnell oder langsam, wie es für Sie gerade richtig ist. Sie müssen hier nicht eingreifen, sollen lediglich wahrnehmen. Das genügt für diese Aufgabe vollkommen.

12. Den Atem gestalten

Aus dem Yoga kenne ich einen bewusst gestalteten Atemzyklus. Er verlangt einiges an Aufmerksamkeit und dient ebenfalls dazu, in der Gegenwart anzukommen. In dieser Aufgabe geht es also darum, Ein- und Ausatmen ganz bewusst zu gestalten und zusätzlich eine Atempause einzubauen.

Atmen Sie für vier Zählzeiten ein, halten Sie den Atem für vier Zählzeiten an und atmen Sie dann über sechs Zählzeiten aus. Dann geht es wieder von vorne los. Durch die Atempause und das längere Ausatmen wird das Einatmen etwas tiefer, aber das ist vollkommen in Ordnung.

Wenn Sie schon etwas Übung haben, können Sie diese Aufgabe noch mit der vorherigen (Atem zählen) verbinden, indem Sie bewusst die kühlende Wirkung des Einatmens in der Nase wahrnehmen und die Ausatmer zählen.

Manche fragen sich, wie Sie bei diesen Übungen einatmen sollen: durch die Nase oder durch den Mund. Im Grunde ist es für unsere Fragestellung vollkommen egal. Ich empfehle dennoch, durch die Nase einzuatmen - dann wird die Luft gefiltert und vorgewärmt - und durch den Mund auszuatmen. Dabei steht der Entsorgung der verbrauchten Luft am wenigsten Widerstand entgegen.

13. Den Boden spüren - grounding

Das geht ganz einfach. Egal, ob Sie irgendwo stehen oder sitzen. Platzieren Sie Ihre Füße auf dem Boden und lenken Sie Ihre Aufmerksamkeit in Richtung Ihrer Füße. Wenn Sie stehen, spüren Sie hin, wie Ihr Gewicht auf den Fußsohlen verteilt ist. Stehen Sie mehr vorne oder mehr hinten, mehr innen oder mehr außen auf den Fußsohlen? Es geht hier nicht um eine Bewertung, sondern lediglich um das Spüren Ihres Bodenkontaktes. Sollten Sie sitzen, probieren Sie einmal aus, wie es Ihre Wahrnehmung verändert, wenn Sie mehr Gewicht auf die Füße geben. Das ist eine gute Möglichkeit, sich »auf den Boden zurück zu begeben«, falls man diesen vorher etwas verloren hatte. Bodenkontakt macht ruhig, gibt Sicherheit, unterstützt den Bezug zu sich selbst. Indem man seinen Stand fühlt, fängt man auch an, mehr zu sich zu stehen.

14. Gerichtete Wahrnehmung - den Atem studieren

Diese Aufgabe hilft ebenfalls dabei, in die Gegenwart zurück zu kehren. Ich führe sie oft mit Patienten durch, denen es schwer fällt, innerlich zur Ruhe zu kommen und aus ihren endlosen Gedankenkreisen mal für einen Moment auszusteigen.

Aufgabe:

Eine ganz einfache Form gerichteter Wahrnehmung nimmt den Atem als Bezugspunkt. Weil er immer da und auch immer in Bewegung ist, ist er ideal geeignet. Richten Sie einfach die Wahrnehmung auf den Atem und nehmen ihn genauso wahr, wie er ist. Wenn das zu wenig Anforderung für Ihren Kopf ist, dann vergleichen Sie die Länge des

Ausatmens mit der Länge des Einatmens. Wo gibt es Pausen im Ablauf? Zwischen ein und aus oder auch zwischen aus und ein? Nicht bewerten, nur beobachten.

15. Gerichtete Wahrnehmung - über die Sinne in die Gegenwart finden

Es folgt eine zweite Aufgabe zur gerichteten Wahrnehmung. Im Fokus sind diesmal Sinnesinformationen; zuerst das Sehen, dann das Hören, danach das Fühlen beziehungsweise Körperempfindungen.

Aufgabe:

Man durchläuft das Ganze ein paar Mal, in abnehmender Häufigkeit. Das heißt, dass man auch mitzählen muss - eine zusätzliche Anforderung. Jeder Sinn wird zuerst fünfmal hintereinander abgefragt, in der nächsten Runde viermal, danach dreimal, zweimal und schließlich nur noch einmal. Das ist weniger kompliziert als es vielleicht gerade scheint.

Zuerst fragt man fünfmal hintereinander nach dem Sehen. Das ergibt jetzt bei mir gerade: „ich sehe ... den Bildschirm, ich sehe ... die Bewegung meiner Finger, ich sehe ... die sich spiegelnden Hände, ich sehe... die Buchstaben, ich sehe ... die Bewegung meiner Finger." Man muss nicht immer etwas anderes benennen, sondern darf sich auch wiederholen.

Dann fragt man fünfmal hintereinander nach dem Hören: „ich höre ... das Rattern der Räder auf den Schienen, ich höre ... die Zugansage, ich höre ...das Gespräch meiner Sitz-Nachbarn, ich höre ... das Geräusch der sich öffnenden Türen."

Dann fragt man fünfmal hintereinander nach dem, was man gerade fühlt oder von seinem Körper empfindet. Bei mir ergibt das gerade: „ich spüre ... den Sitz, ich spüre ...

die Tasten unter den Fingerspitzen, ich fühle ... eine gewisse Anspannung, ich fühle, wie ich gerade die Luft anhalte (weil sich in diesem Moment jemand neben mich setzt)."

Nach dieser ersten Runde (alles fünfmal gemacht) geht es in die nächste: alles wird jetzt viermal durchgeführt. Danach dreimal, zweimal und schließlich nur einmal.

Wie man unschwer erkennen kann, sitze ich gerade in einem Zug, während ich diesen Text tippe. Besser wirkt diese Übung, wenn man sie ohne Nebenbei-Beschäftigung durchführt, man kann sich besser auf seine Wahrnehmung konzentrieren. Man muss bei dieser Aufgabenstellung nicht jedes Mal etwas Neues wahrnehmen. Es darf ruhig ein paar Mal dasselbe sein - entscheidend ist, es tatsächlich in dem Moment, in dem man darüber spricht, auch wahrzunehmen.

Der Effekt: Wer alles konsequent durchgeführt hat, ist danach ganz bei sich selbst angekommen. Für einen Moment spürt man, wie es einem geht, wenn man gerade nicht von belastenden Gedanken oder Gefühlen geleitet ist. Viele, die sonst immer von Unruhe getrieben sind, spüren jetzt, wie erschöpft sie von dieser ständigen Antreiberei sind: Sie fühlen sich entspannt und richtig müde.

16. Gerichtete Wahrnehmung - über die Sinne in eine gute Erinnerung eintauchen

Auch die jetzt folgende Variante der Technik aus Übung 15 ist hervorragend geeignet, in ein gutes Gefühl einzutauchen. Dazu machen wir grundsätzlich genau dasselbe wie oben. Als Bezugspunkt nehmen wir aber nicht die gegenwärtige Situation, sondern einen ausgewählt guten Moment aus der Vergangenheit. Zum Beispiel einen wunderschönen Augenblick aus dem letzten Urlaub. Sehr gut funktioniert das auch, wenn Sie die eigene Schlüsselsituation als

Bezugspunkt nehmen. Durch die Fragen nach dem Sehen, Hören und Fühlen taucht man Schritt für Schritt ganz tief in das positive Erleben ein.

17. Reden Sie mit sich selber

Das menschliche Gehirn ist keine Einheit. Es ist vielmehr zusammengesetzt aus Teilsystemen, die oft gut miteinander kooperieren, aber auch unabhängig voneinander arbeiten. Wenn wir zu uns selber sprechen, gibt es Systeme, die das so erleben, als würde ein anderer mit uns reden. Genauso, wie einen die Ansprache durch jemand anderen aus einem belasteten Zustand herausholen kann, funktioniert das auch, wenn wir uns selber ansprechen. Das funktioniert, wenn man die Sätze nur denkt, aber deutlich besser, wenn sie laut ausgesprochen werden. Die Sätze klingen dann auch von außen über die Ohren und das Hörzentrum in den Kopf hinein und werden als zusätzliche Information aus der Außenwelt verstanden und verarbeitet. Was sollte man zu sich selber sagen, um aus einem vielleicht nicht einmal bewusst wahrgenommenen Stresszustand wieder herauszukommen? Jeder Mensch braucht andere Worte. Es macht Sinn, hier ein bisschen zu experimentieren. Die Grundrichtung ist aber klar. Es sollte immer darum gehen, der eigenen Psyche zu verdeutlichen, dass jetzt kein Grund besteht, gestresst zu sein. Da die unbewusste Psyche sich mit Verneinung schwer tut, sollte man positiv gesprochene Sätze verwenden. Also nicht: „kein Grund für Stress", sondern: „alles ist okay", „ich bin in Sicherheit", „mir geht es gut", „das kriegen wir alles hin" und so weiter. Wenn ich gerade in Gefahr bin, mich von den Angriffen oder der schlechten Laune meines Freundes oder meiner Freundin anstecken zu lassen, hilft es vielleicht, zu mir selbst zu sagen: „das ist sein/ihr Stress, das hat mit mir nichts zu tun", „das löst sich gleich wieder auf, das klären wir ganz schnell", „nur ein Missverständnis" oder „nur ein altes Verhaltensmuster, alles ist okay" und so weiter.

Wer schon seinen Schlüssel zur Psyche für sich erarbeitet hat, weiß ziemlich genau, was seine Psyche im Kern braucht und sollte leicht Worte finden, die etwas mit dem zu tun haben, was in der Schlüsselszene bereit gestellt wird.

Es ist ziemlich egal, ob Sie wenige oder viele Worte an sich selbst richten. Entscheidend ist, dass diese Worte nicht nur leere Worte bleiben, sondern ein angenehmes Gefühl in Ihnen auslösen. Sie sollten mit den Worten etwas Positives verbinden. Wenn Sie den Satz für sich gewählt haben: „Alles ist okay", dann sollten diese Worte Sie auch an Momente erinnern, in denen Sie sich gut gefühlt haben, weil für einen Moment alles okay war. Wenn Sie sich mit den Worten Bilder ins Gedächtnis rufen - gleich ob phantasiert oder erinnert - dann ist die Wirkung auf die eigene Psyche vielfach größer.

18. Gedankenstopp

Wenn wir uns bewusst für einen Gedanken entscheiden, dann wird dieser Gedanke auch zur inneren Leitlinie für unsere Psyche. Das funktioniert bei negativen Gedanken, aber auch bei positiven. Der kleine Unterschied ist, dass die negativen Gedanken meist aus der Routine der unbewussten Systeme stammen. Wird zum Beispiel gerade ein Zweifel gestreut, sind wir überzeugt, dass unser Bewusstsein diesen Zweifel von alleine aufgebracht hat. Deshalb folgen wir ihm und handeln entsprechend - manchmal ist das stimmig, oft aber auch nicht.

Hauptgrund für das Zurückschalten in vertraute Verhaltensmuster und gewohnte Routinen ist, dass unser Bewusstsein zu viel Energie verbraucht und auch völlig überfordert wäre, dauernd alles entscheiden und lenken zu müssen. Von unserer Konstruktion her müssen wir einfach auf bereits früher gemachte Erfahrungen zurückgreifen. Meist ist das auch vollkommen okay - nur manchmal eben nicht. Woran kann man den Unterschied erkennen? Ganz einfach! Wenn es einem gut geht, ist alles okay. Eingreifen sollte man nur, wenn das Routineverhalten zu schlechten Gefühlen geführt hat. Misstrauen Sie daher jedem negativen Denken - auch ein Zweifel gehört mitunter dazu.

Also, wenn Sie gerade beginnen, sich über irgendetwas aufzuregen, in eine innerliche Spannung kommen und negative Gedanken anfangen, sich in Ihrem Kopf zu entfalten, dann trauen Sie diesem ganzen Geschehen nicht und stellen sich sofort dagegen.

Aufgabe:

Üben Sie sich darin, negative Gedanken und Gefühle sofort zu unterbrechen. Im einfachsten Fall gelingt das mit einer möglichst schnell kommenden klaren Aussage: „Halt, stopp, nein, diesem (negativen) Gedanken folge ich nicht!" „Vergiss es, das gehört hier nicht her." „Lass es!" Reden Sie so, als würden Sie zu einer anderen Person sprechen. Das entspricht auch etwa der Art, wie wir gebaut sind: Ein Zusammenhalt von verschiedenen Teilpersonen. Jetzt redet eine Teilperson mit der anderen.

Unterstützen können Sie das mit weiteren kleinen Techniken. Vielleicht erst einmal mit einem tiefen Ausatmen, verbunden mit einem Seufzer, einem Lächeln und weiteren Sätzen wie: „Hey, komm runter, es ist alles okay, das ist jetzt nur ein Irrtum. Du glaubst mal wieder, hier mit diesem alten Krempel richtig zu liegen. Irrtum! Stopp!" Dann noch einmal seufzen und lächelnd hinterher schieben: „Gerade noch mal gut gegangen!"

19. Sich in der Natur aufhalten

Jeglicher Aufenthalt in der Natur hat eine besondere Wirkung auf den Menschen. Entscheidende Aufgabe ist, dort anzukommen. Lassen Sie Ihre Finger von allen Ablenkungen. Schalten Sie Ihr Telefon aus und tun nichts anderes, als dort anzukommen, wo Sie sind. Es ist ein neuer Trend aus Japan, der auch zunehmend in unseren Breiten ankommt. Man könnte ihn als Waldbaden übersetzen. Körper und Seele dürfen für eine Weile vollkommen in eine natürliche Umgebung eintauchen. Eine Naturlandschaft wäre ideal. Wenn diese zu weit weg ist, tut es auch ein Stadtpark. Ist auch dieser unerreichbar, kann es auch eine Pflanze sein oder ein kleines Stückchen Wiese. Entscheidend ist dann, wie sehr man sich selbst auf dieses kleine Stück Natur einlassen kann. Auch der Umgang mit Tieren wirkt in ähnlicher Weise. Man muss sich ihnen nur öffnen - das heißt für einen Moment alles andere weglassen.

Wer die Chance hat, sich in eine Naturlandschaft begeben zu können, sollte sich die Zeit schenken und dort über 4-5 Stunden Zeit verbringen. Alleine, nicht joggen, nicht Fahrrad fahren, keinen Hund mitnehmen, das Handy abgeschaltet. Wer sich darauf einlassen kann, erlebt schon nach kurzer Zeit ein Nachlassen des alltäglichen Drucks, der auf den meisten liegt. Nach etwa 2-3 Stunden geschieht noch etwas anderes, man kehrt zu sich selbst zurück. Der Druck ist weg, stattdessen sind da reine Glücksgefühle.

20. Mit Menschen zusammen sein

Oxytocin ist ein im Gehirn produziertes Hormon, welches eine wichtige Bedeutung unter anderem beim Geburtsprozess und dem anschließendem Aufbau der Mutter-Kind-Beziehung hat. Es hat aber auch darüber hinaus einen hohen Stellenwert für die Gestaltung des sozialen Miteinanders.

In der neurochemischen Forschung wird Oxytocin mit psychischen Zuständen wie Liebe, Vertrauen und Ruhe in Zusammenhang gebracht. Das Hormon fördert Gefühle von Zufriedenheit und reduziert Angst.

Für unsere Betrachtung ist interessant, dass Oxytocin allein durch das friedliche Zusammensein mit Menschen, die uns nahestehen, vermehrt produziert wird. Sollte also gerade nicht der eigene Partner als Gegenüber infrage kommen, retten Sie sich zu Ihren Freunden. Gestalten Sie dort gute Momente oder genießen Sie einfach nur das Zusammensein. Manchmal ist es unerlässlich, dass man dabei auch über die eigene Betroffenheit und Not redet. Wenn es aber irgendwie geht, lassen Sie Ihre Probleme am besten dort, wo sie entstanden sind. Lassen Sie sich besser von Ihren Freunden und Bekannten ablenken, so dass Sie aus Ihren Problem-Verhaltensmustern ganz von allein zurückfinden in Ihre erwachsene Kompetenz. So gestärkt, werden Sie die Probleme zu Hause deutlich leichter und besser lösen.

TEIL 6 - ACHTSAMKEIT UND INNERER BEOBACHTER

Selbstbeobachtung ist für alle kritischen Situationen im Miteinander wichtig. Nur, wenn Sie in der Lage sind, sich selbst immer wieder kritisch in den Fokus zu nehmen, werden Sie es überhaupt schaffen, etwas in Ihrem Leben zu verändern und dann zum Beispiel in die Lage kommen, gerade entstehende Konflikte rechtzeitig zu erkennen und angemessen einzugreifen. Es geht also um **Achtsamkeit.**

Achtsamkeit ist das Gegenteil von Unachtsamkeit, bei der man unter anderem

- Aktivitäten durcheilt, ohne für sie aufmerksam zu sein;

- Dinge zerbricht oder verschüttet aus Nachlässigkeit, Unaufmerksamkeit oder weil man an etwas anderes denkt;

- unfähig ist, feinere Gefühle körperlicher Spannung oder Beschwerden zu bemerken;

- vornehmlich mit der Zukunft oder der Vergangenheit beschäftigt ist.

Im Zustand der Achtsamkeit dagegen richtet sich unsere Aufmerksamkeit auf die Aufgabe, die gerade anliegt. Sind wir achtsam, ist unsere Aufmerksamkeit nicht in Vergangenheit oder Zukunft verstrickt, und wir urteilen oder weisen nicht zurück, was im Moment geschieht. Wir sind präsent, wach und erkennen das an, was gegenwärtig passiert.

Mit Achtsamkeit entsteht die Freiheit, sich nicht an vorgefassten Meinungen festzuhalten und Erwartungen loszulassen. Damit kann man auch sich selbst gegenüber objektiver werden. Man kann denken und fühlen, ohne sich gleich von jedem Gedanken oder Gefühl dominieren zu lassen. Weil man Zugang zu dem Wissen hat, dass ein Gedanke oft einfach so kommt, angestoßen von Zufälligkeiten, daher auch etwas Beliebiges hat und nicht unbedingt die eigene Person repräsentiert. Hier entsteht Spielraum, in dem man über die eigenen Aussagen und Gefühle auch mal verständnisvoll lächeln kann und diese nicht zu ernst nimmt. Und mit der durch Achtsamkeit entstehenden Distanz zu sich selbst kann es gelingen, einen gerade Fahrt aufnehmenden Streit zu beenden, trotz verletzten Gefühlen und sich ausbreitenden feindseligen Gedanken den eigenen Angriff zu stoppen und dann ganz andere Schritte zu gehen. Vielleicht entschuldigen Sie sich, anstatt anzugreifen, vielleicht fragen Sie Ihr Gegenüber, was denn gerade los ist. Wenn der eine aus dem Spiel aussteigt, kann auch der andere nicht weitermachen - weil man einen Gegner braucht, um Ping-Pong zu spielen.

Wer sich schon einmal in ausweglosen Streitereien mit seinem Partner verfangen hat, weiß genau, dass solche Unterbrechungen nicht einfach machbar sind. Das ist genauso schwer wie die Aufgabe für einen Esssüchtigen, den Kühlschrank rechtzeitig wieder zu schließen. Die dafür notwendigen Fähigkeiten bekommt man nicht in den Schoß gelegt. Man muss sie sich aktiv erarbeiten.

Die Techniken und Methoden, die ich Ihnen in beiden Büchern vermittle, sind bereits wunderbar geeignet, um sich darin zu trainieren, bewusst eigene Gefühle und Gedanken zu betrachten. Auch die kleinen Techniken unterstützen dies. Weil Sie bei allen Aufgaben immer wieder auf sich selbst schauen, Ihr Gefühl taxieren und Ihre Gedanken beobachten und immer wieder auch darauf einwirken müssen, sind Sie die ganze Zeit dabei, Ihren inneren Beobachter aufzubauen beziehungsweise zu trainieren. Damit erhalten Sie eine Grundausstattung an Fähigkeit zur Achtsamkeit, aber es gibt Momente, in denen brauchen Sie noch etwas mehr.

Problemtrance - hellwach und doch in Trance

Solange es einem gut geht, ist es kein Problem, die eigene Aufmerksamkeit auf beliebige Aspekte der Gegenwart zu richten oder sich zu entschließen, zum Beispiel mit dem Schlüssel zu arbeiten. Deutlich schwieriger wird das, wenn es einem auch nur ansatzweise schlecht geht. Irgendjemand oder irgendetwas wurde zum Auslöser und plötzlich ist man mittendrin - in Druck, Anspannung oder einem Beziehungsstress. Je mehr man dabei innerlich belastet wird, desto geringer sind die Chancen, auszusteigen. In diesem Zustand wird man kaum zum Schlüssel greifen, weil es einem vielleicht blödsinnig erscheint oder man überhaupt nicht mehr an diese Möglichkeit denkt. Wenn die alten Programme laufen, entstehen Erfahrungen, die diese bestätigen. Es gehört zur Natur von Bewältigungsmustern, sich selbst zu bestätigen und zu verstärken.

Der Bewusstseinszustand in so einem Moment ist sehr speziell. Der Betroffene ist vielleicht wütend, verzweifelt, aufgebracht und erlebt sich selbst und seine Umgebung dabei sehr intensiv. Wenn die Situation vorbei ist und die Emotionen abgeklungen sind, wird er wissen, dass er innerlich auf einen winzigen Aspekt der Gegenwart begrenzt war. Ein Stichwort hatte den Anfall ausgelöst. Das Lebensthema war berührt worden, etwas hatte eine Verletzung oder Provokation mit sich gebracht. Ein anderer oder bestimmte Umstände waren als feindselig oder ähnlich negativ erlebt und folgerichtig abgewehrt und beschimpft worden. Für einen Moment fehlt dieser Person die Möglichkeit, zu sich selbst in Distanz zu treten, das eigene Verhalten kritisch zu betrachten und eventuell sogar zu unterbrechen. Sie ist eingeengt auf einen kleinen Aspekt des eigenen Seins und unfähig, diese Einengung als solche zu erkennen.

Ich habe diesen Bewusstseinszustand manchmal etwas spöttisch als »naives Bewusstsein« bezeichnet. Naiv, weil der Betreffende gerade keine Ahnung von der eigenen Begrenztheit hat. Da sich mancher davon beleidigt fühlen könnte, möchte ich lieber von einer Problemtrance reden. Dies ist eine in der Hypnose verwendete Bezeichnung für einen Trancezustand, der sich von selbst ergibt, wenn ein Klient sich gedanklich in ein emotional stark besetztes Thema begibt.

Ich möchte noch einmal betonen, dass diese Art, bewusst zu sein, nicht grundsätzlich etwas Schlechtes ist. Sie hat sich über riesige Zeiträume bewährt und ist die Grundlage unserer Existenz, sie entspricht unserer »Konstruktion«. Sie spart Energie, man muss nicht jeden Schritt bedenken, und im Miteinander reagiert man verlässlich und wird wieder erkannt. Wir sind einfach so, wie wir sind. Wir gehen mit dem um, was geschieht, so wie wir es für richtig halten. Und was für uns richtig ist, haben wir aus unseren Erfahrungen gewonnen. Es hat mitunter etwas sehr Entlastendes, einfach das Produkt der eigenen Geschichte zu sein, so zu leben, wie man geworden ist und sich auf den Fluss des »automatischen Seins« einzulassen. Wir wählen und entscheiden ständig, meist regiert dabei der innere Navigator ganz unbewusst, manchmal assistiert das Bewusstsein, ohne dass wir uns über das feine Ineinandergreifen der beiden Systeme bewusst werden müssen. Ich bin überzeugt, dass die meisten Menschen nichts anderes brauchen, um ein gutes Leben zu leben. Diese Art der »Alltagstrance« wird erst dann zur »Problemtrance«, wenn die negativen belastenden Erfahrungen der Kindheit berührt sind. Man reagiert entsprechend der gelernten Muster, und wenn uns das nicht vorwärts bringt, sehen wir es als Zufall oder schieben es dem Chef, dem Partner, dem eigenen Übergewicht oder dem Fernsehprogramm zu. Vielleicht sehen wir auch eigene Fehler und Schwächen, und vielleicht nehmen wir uns vor, etwas zu verändern, aber weil wir keinen distanzierten Blick auf uns selbst haben, bleibt das in der Regel ohne Wirkung.

Das eigene Denken reflektieren

Wenn Sie sich aktiv um den Aufbau eines achtsamen inneren Beobachters in Ihnen bemühen, heißt das Ziel, das, was im eigenen Kopf abläuft, steuernd zu beeinflussen. Und zwar so gut, dass Sie auch aus einer Problemtrance einfach aussteigen können. Dazu müssen Sie gewünschte von ungewünschten Gedanken unterscheiden und den Strom Ihrer Gedanken filtern und regulieren. Sie müssen das eigene Denken reflektieren können und die Denkprozesse nach Belieben lenken. Außerdem haben Sie die Aufgabe, bestimmte Erlebensweisen zu unterbrechen und andere dafür aufzubauen.

Mit so einer Kontrollinstanz können Sie erkennen und verhindern, dass Sie von alten Programmen gesteuert werden und zum Beispiel auch dafür sorgen, Ihre Schlüsselübungen im notwendigen Umfang durchzuführen. In der Folge könnte sich der Umbau der eigenen Person in wenigen Wochen und Monaten ungestört entwickeln, weil das Alte nicht immer wieder bestätigt und das Neue regelmäßig bestärkt würde.

Ist so etwas erreichbar? Viele, die schon einmal versucht

haben, die Vorgänge in ihrem Kopf zu beobachten oder die sich öfter mit Grübeleien oder Schlafstörungen herumschlagen, werden das für eine sehr schwierige Aufgabe halten. Trotzdem: Eine solche Kontrolle über die Abläufe im eigenen Kopf kann man lernen. Die dafür notwendigen Fähigkeiten bringt *unser Bewusstsein* mit.

Fähigkeiten des Bewusstseins nutzen

Wenn sich das Bewusstsein wie ein Scheinwerfer auf einen Aspekt der Gegenwart richtet, ist alles andere für einen Moment nur Hintergrund. Das gilt dann auch für die unbewusste Psyche. Sie folgt dahin, wo das Bewusstsein den Fokus lenkt. Wir wissen, dass das Bewusstsein nicht gänzlich frei agieren kann. Seine Tätigkeit muss in Übereinstimmung mit dem erfolgen, was die unbewusste Psyche an Regeln und Annahmen über die eigene Person gelernt hat. Sollte die Aktivität des Bewusstseins von ihr nicht »genehmigt« werden können, kann es wenig dagegen ausrichten. Sein Spielraum wird allerdings umso größer, je weniger psychischer Stress gerade herrscht. Diesen Umstand nutzen wir auch bei der Arbeit mit dem Schlüssel. Mit den Lösungen und den daraus entstehenden guten Gefühlen »beruhigen« wir die unbewussten Sicherungsinstanzen. Je mehr bei der Psyche ankommt, dass alles in Ordnung ist, umso mehr Bewegungsfreiheit bekommt man für sein Handeln, Fühlen und Denken.

Skepsis gegenüber dem eigenen Denken, Fühlen und Handeln

Einer der wichtigsten Schritte besteht darin, eine gehörige Portion Skepsis gegenüber dem eigenen Denken, Fühlen und Handeln zu entwickeln. Wenn man weiß, dass man selber auch mal vollkommenen Blödsinn denken und völlig unpassende Gefühle haben kann, nimmt man nicht mehr jeden eigenen Impuls so ernst und wird auch nicht mehr ganz so tief in seine Dramen hineingerissen. Machen Sie sich immer wieder klar, dass nicht jedes Gefühl richtig ist, nur weil wir es erleben, und nicht jeder Gedanke vertrauenswürdig ist, nur weil wir ihn denken. Vielleicht haben Sie schon bemerkt, dass ich immer wieder darauf hinweise, negativen Gedanken und Gefühlen nicht zu vertrauen. Gerade in Momenten, in denen wir innerlich belastet sind, wird unser Handeln mit großer Wahrscheinlichkeit aus Nerven-Netzwerken gesteuert, die sich in den dunkelsten Zeiten der eigenen Kindheit strukturiert haben. Dass dieses Handeln dann kaum in die erwachsene Welt passt, kann man sich leicht ausrechnen. Aber noch leichter verstehen Sie diese Zusammenhänge, wenn Sie sich an Auseinandersetzungen mit Ihrem Partner oder anderen Menschen erinnern und dann nachsinnen, wie »ertragreich« das war. Meist kosten solche Momente viel Energie, tragen zum gegenseitigen Misstrauen bei, vergrößern die innere Distanz zueinander und zerstören bei häufiger Wiederholung die Liebe.

Der Aufbau von Achtsamkeit ist nicht der zentrale Gegenstand dieses Buches. Ich biete Ihnen hier nur einige ausgewählte Übungen als Anregung. Zögern Sie nicht, sich umzuhören, was es noch so gibt. Stichworte für die Suche: Achtsamkeit, innerer Beobachter, Meditation, Konzentration, …

Das abendliche Protokoll

Diese Übung ist besonders wichtig, jeder sollte sie eine Zeitlang gemacht haben. Sie bauen Ihren inneren Beobachter auf, indem Sie genau das tun, was diese Instanz nachher machen soll. Sie richten Ihre bewusste Wahrnehmung immer wieder auf die eigene Person, das eigene Erleben, Tun und Denken. Dabei interessieren zunächst belastende, aber auch positive Momente.

Protokoll führen

Fangen Sie damit an, dass Sie jeden Abend ein kurzes Problem- beziehungsweise Positivprotokoll führen. Es geht um eine formlose Auflistung dessen, was an diesem Tag gut und schlecht war. Die innere Beobachterinstanz bekommt durch das Protokoll einen ersten Errichtungsimpuls. Denn wenn Sie regelmäßig abends noch einmal zurückschauen, werden Sie bald damit anfangen, tagsüber genauer hinzusehen. Schreiben Sie es also für eine gewisse Zeit ganz beständig. Sollte es an einem Abend mal nicht klappen, holen Sie es später nach.

Fragen Sie sich, welche guten Momente heute passiert sind und welche kleineren oder größeren positiven Erlebnisse damit verbunden waren. Was war das Gute an der Situation, was haben Sie dabei erlebt? Notieren Sie einige Stichworte dazu.

Suchen Sie außerdem nach belastenden Momenten und notieren in Stichworten, was Sie so belastete, wie Sie sich darin fühlten und vielleicht auch, was fehlte, damit es Ihnen besser gegangen wäre.

Manche werden staunen, wie viel Positives in Ihrem Leben schon vorhanden ist. Viele sind es einfach mehr gewohnt, die Lasten in den Fokus zu nehmen und sich damit zu beschäftigen. Mit diesem Protokoll werden Sie auch sensibler für gute Momente und können bewusster und unmittelbarer an ihnen teilhaben.

Wenn Sie sich regelmäßig darin üben, in dieser verstehenden Weise auf Ihre Problemsituationen zurückzublicken, werden die Zeiten immer kürzer werden, bevor Ihnen klar wird, dass da gerade wieder etwas war. Irgendwann kommt der Moment, in dem Sie unmittelbar merken, dass Sie jetzt gerade aus einem alten, nicht zweckmäßigen Programm heraus agieren. Dann ist Ihr Beobachter genügend entwickelt und in der Lage, unmittelbar verändernd einzugreifen.

Die Aufmerksamkeit ausrichten

Um Achtsamkeit zu lernen, muss man sie erfahren. Learning by doing (deutsch: Lernen durch Tun) heißt also die Devise.

Übung - Sich auf die eigene Person konzentrieren

Richten Sie Ihre Aufmerksamkeit auf die eigene Person. Das hat einen doppelten Vorteil: Sie betreten die Gegenwart und entdecken sich selbst darin. Probieren Sie es aus. Zum Beispiel, indem Sie für einen Moment spüren, wie Ihr Atem den Körper bewegt.

Jetzt: Beobachten Sie Ihren Atem - drei oder vier Atemzüge lang

Für diese Art von Aufgabe ist es gleich, wohin Sie Ihre Aufmerksamkeit richten. Auch andere Aspekte des eigenen Körpers können als Fokus verwendet werden. Sie können dafür zum Beispiel jeden Ihrer Sinne abfragen, also konzentriert hören, tasten, schmecken, riechen. Zum Beispiel können Sie bewusst wahrnehmen, wo Ihr Blick gerade hinfällt. In diesem Moment wahrscheinlich auf diese Zeilen. Aber bitte lesen Sie nicht nur, sondern beobachten

Sie sich beim Lesen …

Was heißt es eigentlich, sich selbst zu beobachten, während man etwas tut? Menschen sind mit sensiblen Sinnen ausgestattet. Wenn nur bekannte Routinen abgearbeitet werden, verrichten die Sinne ihre Arbeit im Hintergrund. Beim Abspülen des Geschirrs werden Sie nicht mehr bewusst die Glätte und Härte des Porzellans erfühlen, genauso wenig wie die Textur des Geschirrtuches. Man wäscht ab und ist dabei in Gedanken bei etwas anderem. Auch wenn das grundsätzlich okay ist, können wir die Konzentration auf unsere Sinneswahrnehmungen nutzen, um mehr in der Gegenwart unseres Seins anzukommen und dieses Sein damit gleichzeitig zu beeinflussen.

Vielleicht drehten sich beim Abwaschen die Gedanken noch um den Berufsalltag oder um die Aufgaben, die noch zu erledigen sind. Weil Gedanken immer mit Körperreaktionen und Gefühlen einhergehen, manövriert sich die Person beim Abwaschen im schlechtesten Fall so unterschwellig in eine Befindlichkeit, die vom Arbeitsstress dominiert wird. Ruft der Stress dann alte unzweckmäßige Bewältigungsprogramme auf, fühlt man sich beim Abwaschen unter Umständen wie in den negativen Erfahrungen der Kindheit. Mit der unmittelbaren Gegenwart hat das dann nichts mehr zu tun. Richtet man seine Sinne aber auf das, was man jetzt gerade tut, wird dieser Mechanismus unterbrochen. Auch wenn man das Abwaschen nicht liebt, kann es dennoch zu einer kleinen Auszeit werden. Einzige Aufgabe: spüren! Registrieren Sie das unterschiedliche Gewicht des Geschirrs, die unterschiedliche Dicke von Porzellan und Gläsern. Hören Sie auf das Plätschern des Wassers, spüren Unterschiede von warm und kalt, glatt und rau … Dies ist nur ein Beispiel, wenn Sie alles von der Spülmaschine machen lassen, gibt es andere Momente, in denen Sie mit allen Sinnen in die Gegenwart kommen können.

Übung - Die Körpersensoren abfragen

Jetzt, während Sie lesen, könnten Sie zum Beispiel Ihre Sitzhaltung wahrnehmen. Spüren Sie, wo Ihr Körper in Kontakt mit der Unterlage ist. Dazu fragen Sie Ihre Drucksensoren im Körper ab. Spüren Sie, wo auf der Körperoberfläche am meisten Druck spürbar ist, wo am wenigsten. Spüren Sie ganz genau hin und versuchen Sie, den Druck Ihrer Kleidung auf dem Körper zu spüren. Wo liegt sie nur sanft auf, wo drückt ein Gummi deutlich auf die Haut?

Das Gleiche geht auch mit den Körpersensoren für Wärme. Spüren Sie hin, wie die Wärme an und in Ihrem Körper verteilt ist. Wo ist es am wärmsten, wo am wenigsten warm?

Fragen Sie jetzt noch einen anderen Sinneskanal ab und beobachten Ihren akustischen Input. Finden Sie drei verschiedene akustische Informationen. Selbst wenn es ganz still um einen herum ist, bleibt immer noch der eigene Atem und - wenn man noch tiefer in sich hineinhorcht - der Herzschlag.

Beim Essen üben

Wer aufmerksam isst, kann sehr von Übungen mit dem Geschmackssinn profitieren.

Übung

Hier geht es darum, eine kleine Menge eines Nahrungs- oder Genussmittels im Mund zu halten, um alle Geschmacksnuancen zu erforschen. Ein kleines Stück Schokolade ist zum Beispiel sehr gut geeignet. Am besten wäre es, wenn Sie eine Ihnen kaum bekannte Sorte nehmen, ein Stückchen auf die Zunge legen und es sich dort ganz von alleine auflösen lassen. Schmecken Sie hin und bleiben mit Ihrer ganzen Aufmerksamkeit dabei. Schokolade enthält eine große Anzahl verschiedener Aromen - versuchen Sie, einige zu unterscheiden. Erst, wenn die Schokolade vollkommen geschmolzen ist, erlauben Sie sich, sie zu schlucken. Verfolgen Sie auch diesen Vorgang sehr zugewandt. Vielleicht können Sie spüren, wie die Schokolade den Hals hinunter fließt. Bleiben Sie auch danach noch einen Moment bei der Sache. Gibt es noch Reste des Schokoladengeschmacks im Mund? Wenn Sie wollen, wiederholen Sie den Vorgang.

Sie können dasselbe auch mit einer Rosine oder einem Stück Obst oder einem Bissen Brot machen. Die schmelzen nicht, sondern müssen zerkaut werden. Bevor Sie das tun, sollten Sie das Stück erst betrachten, mit den Fingern ertasten, mit der Zunge erfühlen und dann irgendwann zwischen den Zähnen zerdrücken. Einem winzigen Stück eine halbe Minute oder mehr zu schenken, kann Sinnesqualitäten eröffnen, an denen Sie sonst vorbeihetzen.

Auch mal für längere Zeit dranbleiben

Für einen kleinen Moment erlaubt es die Psyche, die eigene Aufmerksamkeit beliebig auszurichten. Daher sind die bisherigen Aufgaben vermutlich problemlos zu erfüllen. Schwieriger wird es, wenn längere Zeiträume ins Spiel kommen. Das können Sie nachvollziehen, wenn Sie versuchen, eine längere Reihe von Atemzügen aufmerksam zu verfolgen. Nehmen Sie als Zielvorgabe, 30 Atemzüge mitzuzählen. Jeder Atemzug bekommt einen Namen: ein 1, aus 1, ein 2, aus 2 und so weiter.

Jetzt: 30 Atemzüge mitzählen ...

Wie lange konnten Sie dem Atem folgen? Welche Zahl können Sie noch erinnern, bevor Sie irgendwohin abdrifteten? Manche schaffen es bis 3, andere auch bis 10. Es ist normal, dass die Aufmerksamkeit irgendwann abreißt.

Übung - Gedanken unterbrechen

Im nächsten Schritt richten wir den Fokus auf die Gedanken, die uns aus der Atemübung herausholen. Das Ziel ist, die Unterbrechung wahrzunehmen und zu verhindern.

Übung

Führen Sie die eben durchgeführte Atemübung noch einmal durch. Jetzt stellt sich die Aufgabe, zusätzlich zum Zählen der Atemzüge aufkommende Gedanken zu beobachten und zu verhindern, dass Sie von ihnen abgelenkt werden. Notieren Sie innerlich oder auf einem Stück Papier, welche Gedanken auftauchen. Nachdem Sie einen Gedanken notiert haben, lassen Sie ihn wieder gehen, verfolgen ihn also nicht weiter. Vielleicht sagen Sie dem Gedanken: „Nein, jetzt nicht, später vielleicht", oder Sie stellen sich ihn wie eine Wolke am Sommerhimmel vor, die von einer sanften Brise über den Horizont geschoben wird.

Wenn Sie das zum ersten Mal machen, werden Sie staunen, was da alles von allein auftaucht. Manchmal fühlt es sich so an, als würde das Gehirn unentwegt plappern. Auf jeden Gedanken folgt sofort ein nächster, niemals scheint Ruhe einzutreten.

Sollten Sie diese doppelte Aufgabe für Ihre Aufmerksamkeit als zu viel auf einmal erleben, bietet sich an, zunächst nur das Beobachten aufkommender Gedanken allein zu üben.

Variante - Den Fluss der Gedanken beobachten

Verfolgen Sie einen aufkommenden Gedanken als Beobachter, nehmen Sie wahr, wie er sich entwickelt. Verschwindet er von allein und wird von einem anderen abgelöst? Oder entwickelt er sich in einen anderen Gedanken hinein oder …

Nicht so einfach, aber umso wichtiger ist die folgende Übung.

Übung - Gedankenleere

Das Ziel ist: Gedankenleere, das heißt für einen Moment überhaupt keinen Gedanken aufkommen zu lassen. Aufmerksam wird das eigene Denken beobachtet und dabei jeder auftauchende Gedanke unterbrochen und wieder weggeschickt. Anfänglich kann das ziemlich anstrengend sein.

Entspannt und gelassen üben

Denen, die inzwischen gemerkt haben, dass das alles nicht so einfach ist, möchte ich sagen, dass es vielen so geht. Lassen Sie sich nicht entmutigen, geben Sie sich für alle Übungen so viel Zeit, wie Sie brauchen. Dazu gehört auch, Übungen öfter zu wiederholen. Die Vorgänge im eigenen Kopf zu beobachten, ist ungewohnt. Insbesondere am Anfang ist es schwierig, nicht gleich mit dem ersten besten Gedanken mitzugehen. Hier hilft nur üben - und dieses Üben immer wieder zu wiederholen. Weil das Üben eine Menge Konzentration braucht, ist es belastend. Daher empfehle ich, nicht zu lange am Stück damit zu verbringen. Einige Minuten reichen.

Es hilft, bei allen Übungen auch innerlich eine entspannte gelassene Haltung einzunehmen. Es geht nicht um einen Krieg gegen feindliche Gedanken, sondern um ein angenehmes Miteinander von aktivem aufmerksamem Bewusstsein und den sonstigen Aktivitäten der Psyche. Dazu gehören in allen Übungen Freundlichkeit und Akzeptanz sich selbst und den eigenen inneren Prozessen gegenüber. Jeder aufkommende Gedanke kann freundlich wahrgenommen und ebenso freundlich zurückgewiesen werden. Schließlich gibt es eine Seite in der eigenen Person, für die er gerade wichtig scheint. Ziel ist nicht eine Herrschaftsübernahme im eigenen Kopf (die auch nicht funktionieren würde), sondern ein kooperatives Miteinander.

Unterschied zwischen Konzentration und Achtsamkeit

Beachten Sie den feinen Unterschied zwischen Konzentration und Achtsamkeit. Konzentration besteht darin, sich aufmerksam auf ein bestimmtes Objekt einzustellen, darauf den Blick zu fokussieren und die ganze Aufmerksamkeit für diesen begrenzten Bereich der Wahrnehmung aufzuwenden. Achtsamkeit hat eine dazu entgegengesetzte Ausrichtung. Hier wird der Fokus der Aufmerksamkeit nicht gezielt eingeengt, sondern vielmehr weitgestellt. Im Maximalfall ist dann eine weitwinkelartige Aufmerksamkeitseinstellung erreichbar, die in einer umfassenden, klaren und hellwachen Offenheit für die gesamte Fülle der Wahrnehmung besteht.[15]

Überall üben

Hier gilt das Gleiche, was oben zu den Übungen für den Umgang mit dem Schlüssel zur Psyche gesagt wurde: Sie können und sollten überall und immer dann üben, wenn Sie

---

15 Vgl. Wikipedia, Stichwort: Achtsamkeit (abgerufen am 30.06.2016).

irgendwo herumsitzen, nichts zu tun haben, aus Langeweile zum Handy greifen oder ein Buch lesen. Sie müssen also Ihren Alltag nicht umkrempeln, um Zeiten und Räume für das Üben zu schaffen. Selbst beim Sitzen vor dem Fernseher können einige Momente zum Üben genutzt werden.

So kann man beispielsweise beim *Autofahren* wach-bewusst wahrnehmen, wie ein Teil der eigenen Person - ich nenne ihn mal den »Roboter« - den Verkehr wahrnimmt und das Auto steuert. Das ist überhaupt nicht gefährlich, weil zusätzlich zum Roboter auch das fokussierte Bewusstsein mitfährt. Die Aktivität läuft ungebrochen weiter, während man sich selbst, zum Beispiel seine körperliche Verfassung, wahrnimmt oder einfach nur wach registriert, wie der Roboter arbeitet.

Im *Auto* könnte man, ähnlich wie in der Übung zur Sitzposition, auf die eigene Sitzhaltung fokussieren und eine angenehme entspannte Sitzhaltung suchen, auch wenn es nicht so viele Varianten wie auf einem Stuhl gibt. Man kann auch darauf achten, dass sich keine ablenkenden Gedanken einschleichen. Mit wachem Bewusstsein registriert man jeden Seitenblick und Gedanken, unterbricht ihn und findet wieder in eine zentrierte ruhige Fahrweise zurück.

Auch beim *Radfahren* kann man wunderbar üben, Beobachter des eigenen Tuns zu sein. Man kann den eigenen Körper in den Fokus nehmen, den Atem spüren, die Muskeltätigkeit und auch den Grad der Belastung. Man kann die Aufmerksamkeit auch auf den Fahrtwind richten oder auf das Rütteln und Schütteln des Körpers, das durch Unebenheiten ausgelöst wird.

Beim *Spazierengehen* hat man noch ein paar Möglichkeiten mehr, weil man weniger schnell auf die Umgebung achten muss. Sie können sich daher nacheinander auf je einen Aspekt des Geschehens konzentrieren und dann versuchen, für eine Weile dabei zu bleiben:

- Fokussieren Sie auf den eigenen Körper, auf den Rhythmus des Gehens, auf das, was Ihnen ins Auge fällt, auf die Geräusche, die Sie wahrnehmen.

- Versuchen Sie, während des Gehens für eine Weile den eigenen Gedankenfluss wahrzunehmen und ihm zu folgen. Bleiben Sie dabei in einer Beobachterposition und lassen Sie sich nicht von den Gedanken davontragen.

- Konzentrieren Sie sich auf die Vorgänge in Ihrem Kopf und versuchen Sie diesmal, jeden aufkommenden Gedanken abzuweisen.

Auch in öffentlichen Verkehrsmitteln gibt es vielfältige Möglichkeiten, weil man hier zeitweise die Augen schließen und sich von der Umgebung ablösen kann. Sie können alle schon beschriebenen Übungen machen und viele andere dazu. Ich nenne nur noch einige zur Anregung:

Wenn Sie leicht mit visuellen Vorstellungen arbeiten können und Ihnen manchmal die Nähe der Mitreisenden zu viel ist, probieren Sie Folgendes: Denken Sie sich eine Sphäre um sich herum. Stellen Sie sich in Gedanken eine Schutzschicht vor, die den eigenen Körper im Abstand von einigen Zentimetern umgibt. Es bleibt ganz Ihrer Fantasie überlassen, was Sie als Material wählen. Vielleicht ist es eine Ballonhülle, die undurchsichtig ist und Sie vollkommen abschottet. Vielleicht ist es eine durchsichtige Sphäre, die Sie in Ihrer Fantasie vollkommen gegen negative Energien aus Ihrer Umgebung abschirmt. Nur Angenehmes darf hindurch, der Rest prallt rigoros ab. Man kann auch mit der Vorstellung einer festen Wand aus Stein, Holz oder Beton experimentieren. Entscheidend ist, dass Sie sich damit wohlfühlen und ein positiver Effekt entsteht.

Man kann auch in ganz anderer Weise mit visuellen Elementen seine Konzentrationsfähigkeit üben. Stellen Sie sich zum Beispiel eine Zitrone vor oder einen Würfel. Lassen Sie den Gegenstand vor Ihrem inneren Auge rotieren. Machen Sie klar, wann Sie mit der Aufgabe anfangen und wann Sie diese beenden. Lassen Sie sich nicht von irgendeiner Ablenkung ein Ende aufdrücken, außer, die aktuelle Situation erfordert eine Reaktion, vielleicht weil Sie Ihre Zielstation erreicht haben.

Eher kurz, dafür aber öfter

Wie schon gesagt empfehle ich, anfangs nur einige Minuten zu üben. Achtsamkeits- und Konzentrationsübungen sind belastend und brauchen einen gewissen Vorlauf, bis sie problemlos gelingen. Es ist okay, wenn Sie auch nach zwei, drei Wochen immer noch Dreiminutenintervalle üben. Viel wichtiger als die Länge der Sequenzen ist es, dran zu bleiben und sie sehr regelmäßig zu wiederholen. Wenn Sie dann mehr Zeit und Lust haben, probieren Sie aus, eine Übung zu verlängern.

Die eigene Wahrnehmungspräferenz nutzen

Um sich nicht zu überfordern macht es Sinn, am Anfang Achtsamkeit nur über einen Sinneskanal zu üben. Also nur über das Sehen oder das Hören oder das Fühlen einen Zugang zur eigenen Wirklichkeit zu bekommen. Wissen Sie eigentlich, welcher Wahrnehmungstyp Sie sind? Jeder Mensch verfügt anders über seine Sinne. Der eine hört weniger, sieht aber wie ein Adler, der andere ist hellhörig wie ein Luchs, nimmt aber seinen Körper wenig differenziert wahr.

Es hat sich bewährt, bei den Übungen zumindest am Anfang vor allem die bevorzugten beziehungsweise stärksten Sinneskanäle zu nutzen. Wenn Sie die Aufgaben entsprechend anpassen, machen Sie sich den Einstieg leichter. Sie müssen nur herausfinden, wo der eigene Sinnes-Schwerpunkt liegt.

Dabei hilft, dass sich der bevorzugte Wahrnehmungskanal nicht nur auf den sinnlichen Input auswirkt, sondern auch darauf, wie die Person spricht und denkt. Jemand, der besonders mit dem Hören vertraut ist, erlebt zum Beispiel die belastende Menschenfülle im Bahnhof anders als der, der vorrangig sieht. Der Hörende spricht von: „Das ist mir hier zu laut", „Da möchte ich mir die Ohren zuhalten" oder „Es klingt wie ein Orkan." Einer mit einer Präferenz auf dem Sehen spricht davon, dass es hier zu voll ist, zu viele Menschen da sind und zu wenig Platz ist. Einer, der vorrangig fühlt, berichtet von den Körperempfindungen oder Bewegungsqualitäten, die ihn gerade beschäftigen: „Ich kriege hier keine Luft mehr", „Mir zieht sich alles zusammen" oder „Ich möchte am liebsten wegrennen."

Sie brauchen sich also nur selbst ein wenig zuzuhören, um Ihren bevorzugten Sinn zu erschließen. Mit einem Begleiter geht es einfacher, für einen aufmerksamen Zuhörer ist das ein leichtes Unterfangen. Sie können auch einen Online-Test durchführen, zum Beispiel gibt es auf einer Webseite von Cordula Nussbaum[16] einen einfachen Test, um den eigenen Wahrnehmungstyp zu erschließen.

Wenn jemand einen bestimmten Sinneskanal bevorzugt, bedeutet dies nicht, dass die anderen Kanäle deshalb

---

16 www.kreative-chaoten.com/wp-content/uploads/2015/04/
Wahrnehmungs-Typ-Analyse.pdf (abgerufen am 30.03.2016).

schlecht ausgebildet sind. Der bevorzugte Kanal eignet sich aber hervorragend als Einstieg in eine Sinnesübung. Wenn Sie wissen, was für ein Wahrnehmungstyp Sie sind, können Sie sich den Einstieg in die verschiedenen Aufmerksamkeitsübungen erleichtern, indem Sie sich zuerst auf Ihren bevorzugten Kanal konzentrieren. Der Hörende erinnert sich an eine Melodie, der Schmeckende an einen Geschmack, der Fühlende spürt seinen Körper und so weiter.

Zum Schluss

Ich hatte am Anfang des Buches bereits die Bitte an meine Leser formuliert, eine Bewertung im Internet abzugeben. Denn hinter diesen Zeilen steht kein Verlag mit entsprechender Werbemaschine. Um an neue Leser zu kommen, bin ich als Autor fast ausschließlich auf die Kommentare und Bewertungen derjenigen Leser angewiesen, die das Buch schon kennen. Gute Bewertungen und entsprechende Kommentare auf den bekannten Webseiten sind für andere Leser ein Hinweis, dass es sich lohnt, dieses Buch zu kaufen.

Wenn Ihnen also der Text hilft und Sie meine Arbeit unterstützen möchten, schreiben Sie bitte einen Kommentar, zum Beispiel bei Amazon, Buch.de oder Ihrer anderen Lieblings-Buch-Webseite. Sie müssen keinen »Roman« schreiben, es darf auch ganz kurz sein, zum Beispiel: „Das hat mir geholfen" oder: „Ja, finde ich gut!" Wenige Worte reichen vollkommen! Auch wenn Sie das Buch nicht bei Amazon erstanden haben, dürfen Sie dort dennoch einen Kommentar dazu abgeben Gehen Sie dazu auf die Seite des Buches bei Amazon und klicken auf die Bewertungen.. Der Rest ist ganz einfach.

Wenn Ihnen an diesem Buch etwas nicht gefällt oder vielleicht etwas Wesentliches fehlt, schreiben Sie es bitte mir. Dann kann ich Ihre Gedanken bei der Überarbeitung nutzen. Wenn es mir möglich ist, beantworte ich auch gerne Ihre Fragen. Schreiben Sie mir einfach eine E-Mail an: r.kraetzig@online.de

Reinhardt Krätzig, am 31.07.2018

ÜBER DEN AUTOR

Hallo werte Leserinnen und Leser, mein Name ist Reinhardt Krätzig, ich arbeite als Einzel- und Paartherapeut wenige Kilometer nördlich von Berlin, im schönen Birkenwerder. Schwerpunkte meiner Arbeit sind unter anderem: Paarkonflikte, Burn-out, Ängste, Gewichtsprobleme, berufliche Neuorientierung und die Therapie seelischer Traumatisierungen.

Einfach soll es sein und effektiv

In meiner Arbeit versuche ich schon seit vielen Jahren, auf kürzestem Wege zu helfen. Dabei nutze ich meine Erfahrung und ergänze diese gerne mit neuesten Erkenntnissen aus Gehirnforschung und Neuro-Psychologie. Das, was sich in der Arbeit mit meinen Klienten und Patienten am meisten bewährt, gebe ich in meinen Büchern weiter. Inzwischen ist schon eine kleine Sammlung von Lektüre zur Selbsthilfe entstanden. Unten gebe ich einen kleinen Einblick in den Inhalt. Umfassende Informationen bekommen Sie auf meiner Webseite: www.reinhardt-kraetzig.de.

In meinem Blog finden Sie in unregelmäßigen Abständen meine Gedanken zu Themen, mit denen ich mich gerade auseinandersetze. Klicken Sie auf www.reinhardt-kraetzig. de in der Menüleiste auf »Blog«.

Web- und Mailadressen des Verfassers:

www.reinhardt-kraetzig.de

www.ihr-coach.com

www.psychotherapie-birkenwerder.de

E-Mail: r.kraetzig@online.de

ALLE TABELLEN FÜR EIGENE NOTIZEN

Auf den nächsten Seiten finden Sie die zwei im Text verwendeten Tabellen, um Ihre eigenen Erfahrungen einzutragen:

Die eigene Schlüsseltabelle

Liste zur Selbstbefragung

Beide gehören zum Teil 3, »Der eigene Schlüssel«

Zum Ausdrucken finden Sie beide Listen auch auf meiner Webseite bei den Informationen zu diesem Buch unter:

www.reinhardt-kraetzig.de

Die eigene Schlüsseltabelle,

gehört zum Teil 3, »Der eigene Schlüssel«

Fragestellung	Antworten
Typische Belastungssituation	
Erlebte Not	
Dabei erlebte Gefühle Grad der Belastung (Belastungsskala)	
Lösung	
Lösungsgefühl Grad der Entlastung (Positivskala)	

Liste zur Selbstbefragung

gehört zum Teil 3, »Der eigene Schlüssel«

Fragen an sich selbst	Antworten
Was waren die belastenden Umstände der Situation?	
Was war mein Erleben?	
Was habe ich über mich selbst gedacht?	
Was habe ich über andere Menschen gedacht?	
Mit welchem Mittel (altes Muster) versuchte ich, die Situation zu lösen?	
Was habe ich als Scheitern erlebt?	
Wie sieht die Stimmung aus, die nach dem Scheitern entstand?	

EIN PAAR SEIN UND BLEIBEN

TEIL 1: KONFLIKTE LÖSEN, mit der Feel-Free-Technik

Bod-Verlag, 2018, 121 Seiten

Druck: 9,99, E-Book: 4,99 €

Erst ein Traumpaar und dann? Dann fangen Alltag und Probleme an. Mit dieser Buchreihe bekommen Sie erprobte Werkzeuge aus der professionellen psychotherapeutischen Praxis in die Hand, um schnell und einfach wieder Frieden miteinander zu bekommen und diesen auch langfristig zu erhalten.

Im ersten Teil geht es um die belastenden Gefühle, die durch Konflikte, Spannungen oder Reibereien entstehen. Wer darin gefangen bleibt, hat keine Chance einen Konflikt angemessen zu gestalten. Auch mit Selbstkontrolle und Zusammenreißen gelingt hier wenig, weil bei den meisten Konflikten in einer Partnerschaft tiefe Schichten der unbewussten Psyche mitspielen. Um diese anzusprechen braucht man spezielle Werkzeuge.

Im Buch bekommen Sie eine Einführung in die Thematik und lernen, wie Sie mit der Feel-Free-Technik auf kurzem Wege aus belastenden Gefühlen „aussteigen" und in Kopf und Körper wieder ruhig und gelassen werden können. Danach sind viele Probleme keine mehr und die verbliebenen können Sie vermutlich spielend aus der Welt schaffen.

MIR GEHT ES WIEDER GUT

SCHLUSS MIT SCHLECHTEN GEFÜHLEN

Bod-Verlag, 2016, 100 Seiten

Druck: 9,95, E-Book: 5,99 €

Wäre es nicht großartig, aus Gefühlen wie Ärger, Anspannung, Verletztheit, Wut, Unruhe oder Verzweiflung einfach „aussteigen" zu können und dann schnell wieder einen klaren Kopf und ein gutes Gefühl zu haben?

In diesem Buch lernen Sie wie das geht. In kleinen Schritten mit vielen Beispielen wird Ihnen die »Feel-Free-Technik« (FFT) aus der Psychotherapie zugänglich gemacht. Sie ist leicht zu erfassen und sehr wirkungsvoll. Es ist, als würden Sie in Ihrer Psyche einen Schalter umlegen. Unangenehme Gefühle - die niemals ein guter Berater sind - werden innerhalb weniger Minuten einfach abgelegt.

Dabei ist es gleich, was dabei die Ursache Ihrer belastenden Gefühle ist: Schwierigkeiten am Arbeitsplatz, Konflikte in der Partnerschaft, Probleme mit den Kindern, mit Freunden oder Eltern. Mit FFT steuern Sie die eigene Psyche mühelos zurück in ein gutes Gefühl.

Für die Anwendung von FFT wird kein Vorwissen benötigt! Mit einer leicht verständlichen Anleitung, unterstützt von vielen Beispielen und Bildern, bekommen Sie alles, was Sie benötigen, um sich schnell wieder gut zu fühlen.

PAARE IN KRISEN

NAVIGATIONSHILFE FÜR SCHWIERIGES GELÄNDE

Bod-Verlag,

2. Auflage 2016, 200 Seiten

Die 1. Auflage erschien 2014 unter dem Titel: «Streitpaare»

Druck: 12,50, E-Book: 6,99 €

Alle Paare kennen Krisen: Bei manchen wird es laut, bei anderen läuft alles ganz leise. Schlecht gelöste Konflikte schwächen eine Beziehung und leider viel zu oft, geht sie daran auch kaputt. Mit der Navigationshilfe lernen Sie mit Ihren Paarkrisen vollkommen anders umzugehen. Sie erfahren in verständlicher Weise, was sich in der Psyche der Beteiligten im Hintergrund abspielt, wie das die Konflikte erzeugt und wie Sie darauf einwirken können. Ihnen werden Wege gezeigt, wie Sie in Selbsthilfe ein fruchtbares und gutes Miteinander aufrechterhalten oder es, falls es schon verloren gegangen ist, wiederherstellen können.

Das hier vermittelte Konzept ist in vielen Jahren paartherapeutischer Praxis entstanden und erprobt. Ihre eben noch als pure Belastung erlebten Paarprobleme werden jetzt zu Trittstufen auf ein vollkommen neues Niveau des Miteinanders.

Die gewonnenen Einblicke in die unbewusste Dynamik des Miteinanders sind übrigens auch für den Umgang mit Kollegen oder Freunden sehr nützlich. In einem Anhang bekommen Paartherapeuten zusätzliche Infos über die hilfreiche Arbeit mit Ego-States in der Paartherapie.

ABNEHMEN

MIT DEM SCHLÜSSEL
ZUR PSYCHE

Bod-Verlag, 2016, 240 Seiten

Druck: 14,50, E-Book: 7,99 €

Mehr als 90 Prozent aller Versuche abzunehmen scheitern, daran haben unbewusste psychische Prozesse einen wesentlichen Anteil. In diesem Buch erfahren Sie, wie das vor sich geht. Und vor allem lernen Sie, was Sie dagegen tun können.

Das Problem ist, dass die Psyche die überzähligen Kilos zur Regulation der seelischen Befindlichkeit nutzt und deswegen die Diäten vereitelt. Mit dem »Schlüssel zur Psyche« bekommen Sie ein Werkzeug in die Hand, mit dem Sie diesen unbewussten Vorgängen den Boden entziehen. Das Prinzip ist einfach: Sie bringen das in Ihr Leben, was Ihre Psyche seit Langem vermisst. Dieses Fehlende ist selten bekannt und unterscheidet sich bei jedem. Für den eigenen »Schlüssel« ist daher ein Blick auf sich selbst erforderlich. Bei Ihrer Suche werden Sie schrittweise angeleitet, und diverse Beispiele erleichtern Ihnen den Weg.

Fangen Sie ein paar Wochen vor der nächsten Diät mit diesem Buch an. So haben Sie die Chance, tatsächlich etwas zu bewirken und sich Ihrem Wunschgewicht zu nähern.

LIEBE IN DER PSYCHOTHERAPIE

POTENTIAL
PROBLEM
PERSPEKTIVE.

Bod-Verlag, 2015, 190 Seiten
Druck: 11,99, E-Book: 6,99 €

Es geht um die Liebe, die nicht selten zwischen Behandler und Patient entsteht, sei es in der Psychotherapie, beim Arzt oder in der Physiotherapie. Oft ist sie einseitig, manchmal ergreift sie beide Personen. Der Autor macht klar, dass eine Liebe innerhalb einer Therapie etwas anderes ist als eine Liebe außerhalb. Sie kann zu einem positiven und stärkenden Faktor werden, wenn sie als Teil der Behandlung verstanden wird und der Rahmen des Settings nicht verletzt wird. Ansonsten wird sie zum Hindernis und vielleicht sogar zur Ursache von sexuellem Missbrauch. Der Autor betrachtet vorrangig die Psychotherapie, aber vieles ist auch auf andere Bereiche übertragbar. Das Buch ist eine Hilfe für Behandler die sich in dem schwierigen Gelände orientieren wollen. Auch betroffene Patienten finden Unterstützung und Rat.

Der Autor vermittelt einen Zugang zum Thema, schaut auf die Hintergründe für das Entstehen von intensiver Zuneigung und zeigt mit vielen Beispielen, wie mit den verschiedenen Spielformen von Liebe umgegangen werden kann. Vorrangig wird die Psychotherapie betrachtet, aber viele Erkenntnisse sind auch auf andere Therapiefelder übertragbar.

NEUE LÖSUNGEN FÜR VERTRAUTE PROBLEME

ENTDECKE DEINEN SCHLÜSSEL ZUR PSYCHE

Bod-Verlag, 2017, 232 Seiten

Druck: 12,99, E-Book: 7,99 €

Ab heute komme ich nicht mehr zu spät, mache bei der Arbeit früher Schluss, höre mit dem Rauchen auf, streite mich nicht mehr mit meinem Partner oder ... Sicher kennen Sie das. Fest entschlossen, jetzt endlich mit solch »vertrauten« Problemen Schluss zu machen, kriegen Sie es tatsächlich ein paar Mal hin - aber einige Zeit später ist doch alles wieder wie vorher.

Warum funktioniert das nicht dauerhaft? Weil Sie nicht am richtigen Ende anfangen! Die meisten Probleme entstehen, weil etwas Wesentliches in Ihrem Leben fehlt und solange das nicht da ist, werden Sie nichts erreichen. Mit Ihrem »Schlüssel zur Psyche« können Sie dieses Fehlende jetzt in Ihr Leben bringen und sich damit endlich von vielen unangenehmen Gewohnheiten verabschieden.

Im Buch erfahren Sie in anschaulicher Weise, warum das so ist, wie Sie Ihren »Schlüssel« finden und wie Sie ihn zur Selbsthilfe benutzen. Sie erhalten Zugang zu einem alltagstauglichen, wertvollen Werkzeug aus der praktischen psychotherapeutischen Arbeit.

LITERATURVERZEICHNIS

Alberini, C. M. (Hrsg.), 2013. Memory Reconsolidation. Oxford: Elsevier LTD.

Avena, N. M. u. a. (2006). Evidence for sugar addiction: Behavioral and neurochemical effects of intermittent, excessive sugar intake. Neuroscience & Biobehavioral Reviews 2008; 32 (1): 20-39. www.sciencedirect.com/science/article/pii/S0149763407000589 (abgerufen am 30.06.2016).

Boessmann, U. (2013). Bewusstsein - Unbewusstes, Band I: Bewusstsein: Was wissen wir? Berlin: Deutscher Psychologen Verlag.

Born, J. u. a. (02.2007). Odor Cues During Slow-Wave Sleep Prompt Declarative Memory Consolidation. Science Magazin, Vol. 315 no. 5817, S. 1426-1429.

Bremner, J. D. (2006). Traumatic stress: effects on the brain. www.dialogues-cns.com/pdf/DialoguesClinNeurosci-8-445.pdf (abgerufen am 30.06.2016).

Busch, B. G. (2002). Denken mit dem Bauch. Intuitiv das Richtige tun. Kempten: Kösel Verlag.

Chinmoy, S. (12. Auflage, 2013). Meditation. Menschliche Vervollkommnung in göttlicher Erfüllung. Nürnberg: The Golden Shore Verlags-ges.mbH.

Dahlitz, M., Hall, G. (Hrsg.), 2015. Memory Reconsolidation in Psychotherapy. The Neuropsychotherapist, Special Issue, Printed in the USA: Create Space Independent Publishing Platform.

Dijksterhuis, A. J. (2007). Das kluge Unbewusste. Denken mit Gefühl und Intuition. Stuttgart: Klett-Cotta.

Eagleman, D. (2012). Inkognito: Die geheimen Eigenleben unseres Gehirns. Frankfurt: Campus Verlag.

Ecker, B. (2015, 1). A Primer on Memory Reconsolidation and its Psychotherapeutic use as a Core Process of Profound Change. In: Dahlitz, M., Hall, G., Memory Reconsolidation in Psychotherapy, *The Neuropsychotherapist, Special Issue* (S. 6-28; 69-78; 94-152). Leipzig: Amazon Distribution.

Ecker, B. (2015, 2). Can You Really Change Your Mind? Memory Reconsolidation and EFT. www.efttappingtraining. com/change-bruce-ecker-memory-reconsolidation-and-eft (abgerufen am 30.06.2016).

Ecker, B., Ticic, R., Hulley, L. (2012). Unlocking the Emotional Brain: Eliminating Symptoms at Their Roots Using Memory Reconsolidation. Oxford: Routledge. (Erscheint wahrscheinlich 2016 in deutscher Übersetzung unter dem Titel: Der Schlüssel zum emotionalen Gehirn. Mit Gedächtnisrekonsolidierung die Ursachen von Symptomen beseitigen. Paderborn: Junfermann.)

Freund, M. (26.10.2010). Ohne Schlaf würde unser Hirn wohl platzen, Interview mit Prof. Dr. Jan Born. www.zeit.de/wissen/ gesundheit/2010-10/schlaf-gehirn-gedaechtnis (abgerufen am 30.06.2016).

Fuß, H. (05.05.2009). Achtsamkeit verändert das Gehirn, Interview mit Ulrich Ott. www.stern.de/panorama/wissen/ mensch/meditationsforscher-achtsamkeit-veraendert-das-gehirn-3560756.html (abgerufen am 30.06.2016).

Germer, C. K. u. a. (2009). Achtsamkeit in der Psychotherapie. Freiburg: Arbor.

Grawe, K. (2004). Neuropsychotherapie. Göttingen: Hogrefe.

Grawe, K. (24.04.2002). Potential und Grenzen störungsspezifischer Behandlungen, Vortrag. Lindau: Lindauer Psychotherapiewochen. www.lptw.de (abgerufen am 30.06.2016).

Grimm, H.-U. (2013). Chemie im Essen: Lebensmittel-Zusatzstoffe. Wie sie wirken, warum sie schaden. München: Droemer-Knaur.

Hüther, G. (7. Auflage, 2011). Die Macht der inneren Bilder. Göttingen: Vandenhoeck & Ruprecht.

Jochims, I. (2015). Süchtig nach Süßem? So schaffen Sie den Ausstieg aus der Zuckersucht. Wien: Kneipp.

Kast, B. (02.2006). Ich fühle, also bin ich. www.zeit.de/zeit-wissen/2006/02/Gefuehle_Titel/komplettansicht (abgerufen am 30.06.2016).

Kasten, E., Oberhummer, H., Mertens, M. (05. 04. 2011). Woher wissen wir, was Realität ist? www.zeit.de/zeit-wissen/2011/03/Will-wissen (abgerufen am 30.06.2016).

Killingsworth, M. A., Gilbert, D. T. (12.11.2010). A Wandering Mind Is an Unhappy Mind, *Science Magazin*, Vol. 330, Issue 6006, S. 932.

Krätzig, R. (2002). Positiv-Ansatz. www.reinhardt-kraetzig.de/books.html (abgerufen am 30.06.2016).

Krätzig, R. (2014). Streitpaare. Frieden schaffen mit dem Ego-State-Ansatz aus der Paartherapie. Hamburg: BoD Verlag.

Lazar, S. W. (11.2005). Meditation experience is associated with in-creased cortical thickness. *Neuroreport*, Band 16, Heft 17, S. 1893-897.

Lefkoe, M. (2003). Re-Create Your Life. Austin, Texas, United States: TLI Publishing.

Libet, B. (2005). Mind Time: Wie das Gehirn Bewusstsein produziert. Frankfurt a. M.: Suhrkamp Verlag.

Magrabi, A. (04.09.2015). Libet-Experimente: Die Wiederentdeckung des Willens. www.spektrum.de/news/ die-wiederentdeckung-des-willens/1341194 (abgerufen am 30.06.2016).

Myers, D. G. (3. Auflage, 2014). Psychologie. Berlin/Heidelberg: Springer Verlag.

Nussbaum, C. (2015). Selbst-Test: Welcher Wahrnehmungstyp bin ich? (PDF) www.kreative-chaoten.com/wp-content/ uploads/2015/04/Wahrnehmungs-Typ-Analyse.pdf (abgerufen am 30.06.2016).

Osterath, B. (2011). Die Amygdala. www.dasgehirn.info/ entdecken/anatomie/die-amygdala (abgerufen am 30.06.2016).

Ott, U. (2010). Meditation für Skeptiker. München: O. W. Barth.

Ott, U. (08.2011). Meditation für Skeptiker. Interview in *Tattva-Viveka, Zeitschrift für Wissenschaft, Philosophie und spirituelle Kultur,* Nr. 48.

rme/aerzteblatt.de (07.01.2014). Meditation: Meta-Analyse sieht (begrenzte) Wirkung auf psychische Leiden. www.aerzteblatt. de/nachrichten/57134/Meditation-Meta-Analyse (abgerufen am 30.06.2016).

Roth, G. (2000). Lexikon der Neurowissenschaft, Bewusstsein. www.spektrum.de/Lexikon/Neurowissenschaft/ Bewusstsein/1446 (abgerufen am 30.06.2016).

Roth, G. (2001). Wie das Gehirn die Seele macht, Vortrag. Lindau: 51. Lindauer Psychotherapiewochen. www.lptw. de/archiv/vortrag/2001/roth_gerhard.pdf (abgerufen am 30.06.2016).

Roth, G. (2004, 2). Das Verhältnis von bewusster und unbewusster Verhaltenssteuerung. *Psychotherapie Forum*, Volume 12, Band 2, S. 59-70.

Roth, G. (20.03.2009). Die heimliche Macht des Unbewussten, Interview in der Zeitung *Die Welt*. www.welt.de/wissenschaft/article3411612/Die-heimliche-Macht-des-Unbewussten.html (abgerufen am 30.06.2016).

Roth, G. (2011). Die Entwicklung des kindlichen Gehirns - Normalität und traumatische Störungen, Skript. Institut für Hirnforschung Universität Bremen. www.daer.de/html/symposien/2011/download/Prof-Roth-Vortrag-Gehirnentwicklung-Normalitaet-u-traumatische-Stoerungen.pdf (abgerufen am 30.06.2016).

Roth, G. (05.08.2015). Wie das Gehirn die Seele formt. *Frankfurter Allgemeine Zeitung*, Nr. 179, S. N2.

Roth, G., Strüber, N. (2014). Wie das Gehirn die Seele macht. Stuttgart: Klett-Cotta.

Ruff, J. S. u. a. (2013). Human-relevant levels of added sugar consumption increase female mortality and lower male fitness in mice. www.ncbi.nlm.nih.gov/pmc/articles/PMC3775329 (abgerufen am 30.06.2016).

Schulze, M. B. u. a. (2004). Sugar-Sweetened Beverages, Weight Gain, and Incidence of Type 2 Diabetes in Young and Middle-Aged Women. *JAMA* Vol. 292, S. 927-934.

Schwabe, L., Wolf, O. T. (2009). New Episodic Learning Interferes with the Reconsolidation of Autobiographical Memories. Department of Cognitive Psychology, Ruhr-University Bochum, Germany: http://journals.plos.org/plosone/article?id=10.1371/journal.pone.0007519 (abgerufen am 30.06.2016).

Siegel, D. J. (2010). Die Alchemie der Gefühle. München: Kailash Verlag.

Siegel, D. J. (2011). What is Mindsight? Interview. Video auf: www.psychalive.org (abgerufen am 30.06.2016).

Stüvel, H. (20.03.2009). Die heimliche Macht des Unbewussten. www.welt.de/wissenschaft/article3411612/Die-heimliche-Macht-des-Unbewussten.html (abgerufen am 30.06.2016).

Wicht, H. (2011). Der Hippocampus. www.dasgehirn. info/entdecken/anatomie/der-hippocampus (abgerufen am 30.06.2016).

Williams, M., Penman, D. (2015). Das Achtsamkeitstraining. München: Goldmann Verlag.

Wolf, C. (01.02.2015). Unbewusstes Denken statt sechsten Sinns. www.dasgehirn.info (abgerufen am 30.06.2016).

Wolf, D. (1998). *Übergewicht und seine seelischen Ursachen.* München: Gräfe und Unzer Verlag.